Jean Réal Pigeon

Don aux Am...

LE
« PROBLÈME RUSSE »
à la fin du XXe siècle

DU MÊME AUTEUR

UNE JOURNÉE D'IVAN DÉNISSOVITCH, Julliard, 1963.
LA MAISON DE MATRIONA,
suivi de l'INCONNU DE KRETCHÉTOVKA
et de POUR LE BIEN DE LA CAUSE, Julliard, 1966.
LE PAVILLON DES CANCÉREUX, Julliard, 1968.
LE PREMIER CERCLE, Laffont, 1968.
LES DROITS DE L'ÉCRIVAIN, Seuil, 1969.
ZACHARIE L'ESCARCELLE ET AUTRES RÉCITS, Julliard, 1970.
LA FILLE D'AMOUR ET L'INNOCENT, théâtre, Laffont, 1971.
AOÛT QUATORZE (première version), Seuil, 1972.
LETTRE AUX DIRIGEANTS DE L'UNION SOVIÉTIQUE, Seuil, 1974.
L'ARCHIPEL DU GOULAG, I et II, Seuil, 1974, III, Seuil, 1976.
LE CHÊNE ET LE VEAU, Seuil, 1975.
LÉNINE À ZURICH, Seuil, 1975.
FLAMME AU VENT, Seuil, 1977.
LE DÉCLIN DU COURAGE, Seuil, 1978.
MESSAGE D'EXIL, Seuil, 1979.
L'ERREUR DE L'OCCIDENT, Grasset, 1980.
LES TANKS CONNAISSENT LA VÉRITÉ, Fayard, 1982.
LES PLURALISTES, Fayard, 1983.
COMMENT RÉAMÉNAGER NOTRE RUSSIE ?, Fayard, 1990.
LES INVISIBLES, Fayard, 1992.

Dans la série des Œuvres en version définitive :

Tome 1. LE PREMIER CERCLE (version définitive), Fayard, 1982.
Tome 2. LE PAVILLON DES CANCÉREUX ET AUTRES RÉCITS, Fayard,
1983.
Tome 3. ŒUVRES DRAMATIQUES, Fayard, 1986.
Tome 4. L'ARCHIPEL DU GOULAG, I, édition nouvelle revue
et augmentée par l'auteur, Fayard, 1991.

LA ROUE ROUGE, *Premier nœud*, AOÛT QUATORZE, Fayard, 1984.
LA ROUE ROUGE, *Deuxième nœud*, NOVEMBRE SEIZE, Fayard, 1985.
LA ROUE ROUGE, *Troisième nœud*, MARS DIX-SEPT
Tome 1, Chapitres 1-170, Fayard, 1992.
Tome 2, Chapitres 171-353, Fayard, 1993.

Alexandre **SOLJÉNITSYNE**

Le
« problème russe »
à la fin du XXᵉ siècle

Traduit du russe
par Geneviève et José JOHANNET

FAYARD

AVERTISSEMENT DES TRADUCTEURS

Pour faciliter l'intelligence du texte, on a placé en appendice une Chronologie sommaire et un Index.

Les dates sont données dans le « nouveau style » (calendrier grégorien), en avance de 10 jours au XVIIe siècle, 11 au XVIIIe, 12 au XIXe et 13 au XXe (jusqu'au 1er/14 février 1918) sur le calendrier julien (« ancien style »).

La transcription des noms russes est celle qui a été adoptée dans *La Roue rouge*.

Alexandre Soljénitsyne renvoie à plusieurs reprises à l'ouvrage suivant : *Istoria XIX veka*, pod red. Lavissa i Rambo, Moscou, I-VIII, 1938. Nous nous référons au texte et aux pages de l'édition française originale : *Histoire générale du IVe siècle à nos jours*, sous la direction de E. Lavisse et A. Rambaud, Paris, IX-XII, 1897-1901. (La traduction russe des tomes précédents avait paru dès avant la révolution de 1917.)

Aujourd'hui, s'il nous prend envie de lire, ce qu'il nous faut, ce sont des choses brèves, les plus brèves possibles, et sur aujourd'hui. Mais chaque moment de notre histoire, y compris le moment d'aujourd'hui, n'est qu'un point sur son axe. Et si nous voulons explorer des directions possibles et sûres pour sortir du terrible malheur qui est le nôtre actuellement, il importe de ne pas perdre de vue les nombreux ratés de notre histoire antérieure, qui, eux aussi, nous ont acculés à la situation présente.

J'ai conscience, dans cet essai, de n'avoir pas élaboré de démarches pratiques, concrètes et immédiates, mais je ne me considère pas en droit d'en proposer avant mon retour, tout proche, dans ma patrie.

A.S.
mars 1994

Il est impossible d'échapper à un retour en arrière historique, impossible même de ne pas remonter loin. Ce faisant, toutefois, nous privilégierons deux lignes seulement : la corrélation, dans notre histoire, de l'état intérieur du pays et de ses efforts extérieurs.

Le mythe courant d'une efflorescence de la **démocratie novgorodienne** aux XVe-XVIe siècles a été démonté par l'académicien S.F. Platonov[1]. Il s'agissait, écrit-il, d'une oligarchie constituée d'un petit cercle des plus riches familles ; la domination de la haute noblesse novgorodienne s'était développée en dictature politique ; dans les luttes intestines des factions en guerre, incapables d'élaborer des formules de compromis, était utilisée la foule du peuple, jusqu'à dégénérer en anarchie ; le régime politique et social de Novgo-

---

1. S. F. Platonov, *Smoutnoïé vrémia* (le Temps des Troubles), Prague, 1924.

rod, dans son évolution précipitée, était déjà décrépit lorsqu'il fut brisé par Moscou.

Toutefois, le pays qui devait devenir la sauvegarde du milieu démocratique, une paysannerie libre et à l'aise, se forma précisément en s'affranchissant de Novgorod, dans le *Pomorié**. (Moscou n'y avait implanté aucune possession de terres* de service, car elle ne voyait pas d'ennemis venir du Nord.) C'est dans le *Pomorié* que le caractère russe s'est développé librement, sans être comprimé par les rigidités moscovites et sans cette inclination au brigandage si nettement assimilée par la Cosaquerie* des fleuves méridionaux. (Ce n'est pas un hasard si les Lumières nous ont été apportées par Lomonossov, du *Pomorié*.)

Pendant le **Temps des Troubles, au XVIIᵉ siècle**, après toutes les dévastations et la perversion des âmes en Russie, ce fut précisément le Septentrion russe, appuyé sur le *Pomorié*, qui constitua un arrière sûr pour les détachements de Skopine-Chouïski, puis pour la levée en masse de Pojarski, destinée à apporter au pays libération et pacification définitives.

Et Platonov remarque que la période douloureuse et démoralisatrice des Troubles apporta aussi un tournant bienfaisant dans les conceptions politiques des Russes : en l'absence de tout tsar, dans une situation où la Russie avait cessé

---

* Les mots munis d'un astérisque sont repris dans l'index en fin de volume (NdT).

d'être le « domaine patrimonial » des Souverains et les gens leurs « serviteurs » et leurs « esclaves », l'État ne devait pas disparaître, même s'il n'avait pas de Souverain. Cet État, il fallait le sauver et le construire soi-même. Partout on vit s'affermir le pouvoir local, être pris des décrets émanant des communautés locales, envoyés des délégués en tournées et répandues les nouvelles de ville en ville, surgir des conseils citadins réunissant toutes les classes sociales et qui s'assemblèrent en un « Conseil de toute la terre ». (Semblables marques d'action autonomes furent les sièges de seize mois soutenus par la Laure de la Trinité, et de vingt mois par Smolensk.) Autant d'exemples d'un esprit d'organisation populaire russe instructifs pour nous, les descendants.

C'est ainsi qu'à côté de l'habituelle « action du Souverain » naquit la « grande action de la terre ». Et **Michel**, dès ses premiers pas, rechercha l'aide de l'« Assemblée de la Terre » (le *Zemski Sobor**), et le Sobor aida volontiers le tsar. Il n'existait aucune limitation formelle du pouvoir souverain, mais, à l'inverse, le tsar était étroitement lié aux représentants de « toute la terre ». Et, durant les dix premières années du règne de Michel, le Sobor siégea sans interruption, puis périodiquement. (Et toute cette structure d'État n'avait dû son existence à aucune influence occidentale ni copié personne.)

Sans aborder ici les règnes des derniers descendants de la dynastie de Rurik, rappelons que, là aussi, agissaient, à côté d'un pouvoir tout-puissant du tsar, des institutions d'administration locale parfaitement viables (et cela, malgré une ignorance totale des moindres notions juridiques), des autorités élues : staroste* de canton (affaires criminelles), staroste principal du territoire, « maison du territoire » *(zemskaïa izba)* [ventilation des impôts, répartition de la terre, besoins des gens des bourgs* francs]. Certes, les paysans des propriétaires n'y exerçaient quasiment aucune influence (encore qu'ils eussent dans leurs communautés des starostes et des centeniers[1]). Les administrations locales, si salvatrices pendant les Troubles, n'avaient donc pas poussé sur une table rase. Toutefois, les nécessités militaires ne cessèrent d'attacher de plus en plus solidement aux terres des hommes* de service les paysans, qui, de leur côté, fuyaient à la recherche de la liberté dans les marches vides de population ; d'où, simultanément, un dépérissement du centre de l'État en hommes et en quantité de travail, et un renforcement de communautés libres et turbulentes dans les marches ; l'un et l'autre se firent sentir de façon dévastatrice pendant les Troubles, et pas seulement à cette

1. L. A. Tikhomirov, *Monarkhitcheskaïa gosoudarstvennost'* (le Régime monarchique), éd. Rousskoïé Slovo (la Parole russe), Buenos Aires, 1968.

époque ; les trois ou quatre siècles de servage ont traversé l'histoire moderne de la Russie en un processus désastreux.

Toutefois, la période consensuelle des Sobors, après les Troubles, prit fin rapidement avec **Alexis Mikhaïlovitch**, qu'un malentendu historique a immortalisé comme le « Très-Clément ». Sous son gouvernement, le principe du « bureau » *(prikaz)* ne cessa de prendre le dessus sur le principe de la « terre » *(zemski)* : au lieu des forces saines du territoire, une bureaucratie mal organisée, – et cela, pour les trois cents ans à venir. Le règne d'Alexis Mikhaïlovitch est tout empli de révoltes : protestation du peuple contre l'administration des voïévodes* et des bureaux centraux. Le code de 1649 ne se contenta pas de laisser en l'état la servitude des esclaves* et des serfs, il la renforça[1]. (Avec, pour réponse, une série de soulèvements, à commencer par celui de Stenka Razine.) La guerre que mena Alexis contre la Pologne était juste et nécessaire, car il ne faisait que reprendre des terres originellement russes, conquises par les Polonais. Dans le même temps, cette confrontation militaire révéla à Alexis et au monde la mesure de notre retard sur l'Occident et la nécessité criante de lui emprunter connaissances et techniques, mais elle implanta aussi une « mode », celle de n'être jamais en reste

---

1. S. F. Platonov, *Moskva i Zapad* (Moscou et l'Occident), éd. Obelisk, Berlin, 1926, pp. 111-114.

des influences occidentales, de se hâter de les suivre, même lorsqu'il s'agissait de corriger les livres liturgiques. Et cela aboutit au crime horrible que furent l'anathème lancé à son propre peuple et la guerre menée contre lui pour le triomphe des « réformes nikoniennes » (alors que Nikon lui-même était déjà revenu de son « projet grec[1] »). Quarante ans après les Troubles auxquels le peuple avait à grand-peine survécu, c'est tout le pays qui fut ébranlé par le Schisme *(Raskol)* de l'Église. Et jamais plus – ici encore pour les trois cents ans à venir – l'Orthodoxie en Russie ne réussira à restaurer sa grande force vive, qui avait maintenu l'esprit du peuple russe pendant plus d'un demi-millénaire. Le Raskol s'est révélé être une de nos faiblesses jusqu'au XIXe siècle inclusivement.

Et ce fut sur ce peuple ébranlé, sur ce pays mal guéri, que se déchaîna la violente tornade de Pierre.

Comme « serviteur du progrès », **Pierre** est un esprit ordinaire, pour ne pas dire un sauvage. Il ne se haussa pas jusqu'à l'idée qu'il était impossible de transporter (d'Occident) tels ou tels résultats de la civilisation et de la culture tout en perdant de vue l'environnement psychologique dans lequel ils avaient mûri. Oui, la Russie avait besoin

---

1. S. Zenkovsky, *Rousskoïé staroobriadtchestvo* (la « Vieille foi » en Russie), Wilhelm Fink Verlag, Munich, 1970, pp. 290-339.

et de rattraper techniquement l'Occident, et de s'ouvrir un débouché sur ses mers, en particulier la mer Noire (où Pierre montra le plus d'incurie, où, pour payer la rançon de son armée encerclée sur le Pruth, il avait déjà ordonné à Chafirov de céder Pskov aux Suédois par l'intermédiaire des Turcs ; I. Solonévitch[1] nous livre de percutantes remarques critiques sur l'action de Pierre comme chef militaire). La Russie en avait besoin, mais pas au prix de devoir, au nom d'un développement économique accéléré et de la puissance militaire, fouler aux pieds (tout à fait à la bolchévique, et en multipliant les excès) l'esprit de l'histoire, la foi, l'âme, les coutumes nationales. (L'expérience actuelle de l'humanité nous fait voir qu'aucun « saut » matériel et économique ne compense les pertes subies par l'esprit.) Pierre anéantit aussi les Assemblées de la Terre *(Zemskie sobory)* jusqu'à « en effacer le souvenir » (Klioutchevski). Il brida l'Église orthodoxe, lui rompit l'échine. Impôts et prestations crûrent sans rapport avec les facultés de la population. Les mobilisations vidèrent des provinces entières de leurs meilleurs artisans et cultivateurs, les champs se couvrirent de forêts, les routes cessèrent d'être tracées, les petites villes s'engourdirent, les terres du Nord devinrent des déserts, le

---

1. Ivan Solonévitch, *Narodnaïa monarkhia* (la Monarchie nationale), éd. « Nacha Strana » (Notre pays), Buenos-Aires, 1973.

développement de notre agriculture s'arrêta pour longtemps. Ce dirigeant, finalement, ignorait tout des besoins de la paysannerie. Alors que, de par le code de 1649, s'il ne pouvait quitter la glèbe, le paysan possédait le droit de propriété, d'héritage, de liberté de sa personne, de contrats portant sur les biens meubles, l'oukase de 1714 sur le majorat* de la noblesse le fit passer directement dans la propriété des nobles. Pierre créa aussi – pour les deux cents ans à venir – une couche d'intendants étrangère au peuple sinon par le sang, du moins par le sentiment. Et cette idée insensée de dédoubler la capitale, de la transporter (elle qu'il était *impossible* d'arracher et de transporter) dans des marais fantomatiques, d'y édifier un « paradis » – pour la stupéfaction de l'Europe –, mais à coups de trique, d'y aménager de fantastiques palais, des canaux et des chantiers navals, en exterminant des masses populaires qui avaient tant besoin pourtant de souffler un peu ! Rien que de 1719 à 1727, la population de la Russie perdit en morts et en fugitifs un million d'hommes ou presque[1], autrement dit quasiment un habitant sur dix ! (Ce n'est pas par hasard qu'est née au sein du peuple la légende d'un Pierre imposteur et antéchrist. Son règne fut secoué d'émeutes.) Toutes les grandes et moins

---

1. S. M. Soloviov, *Istoria Rossii s drevneïchikh vrémion* (Histoire de Russie depuis les temps les plus reculés), Moscou, 1963, livre XI, p. 153.

grandes actions de Pierre ont été conduites sans aucun égard aux pertes d'énergie et de chair subies par le peuple. Il est difficile de conserver à Pierre le titre de *réformateur* : le réformateur est celui qui tient compte du passé et adoucit les transitions lorsqu'il prépare l'avenir. Ainsi que l'écrit Klioutchevski : c'est dans les réformes de l'administration que « Pierre a subi le plus d'échecs ». Son legs d'erreurs et d'insuccès « sera ensuite reconnu comme le testament sacré d'un grand transformateur », mais ses oukases des dernières années « sont des sermons verbeux et diffus[1] ». Klioutchevski porte ainsi un jugement meurtrier sur les actes civils de Pierre. Pierre a été non pas un réformateur, mais un *révolutionnaire* (et, le plus souvent, sans la moindre nécessité).

Et à la suite de Pierre s'engouffra le reste du XVIIIᵉ siècle, non moins dilapidateur que lui en forces vives du peuple (non sans à-coups capricieux infligés à la ligne brisée de succession au trône, ici encore par la faute de Pierre). Après la fiévreuse activité de Pierre s'ouvrit, selon le mot de Klioutchevski, « un abîme » ; « les forces du pays étaient épuisées à l'extrême par les charges démesurées qui pesaient sur le labeur du peuple[2] ». Il est impossible d'accepter l'idée cou-

---

1. V. O. Klioutchevski, *Kours rousskoï istorii. Lektsii* (Cours universitaire d'histoire russe), t. 4, pp. 190-198.
2. *Ibid.*, p. 304.

rante que les « conditions » présentées par les aristocrates du Haut-Conseil secret à Anna Ioannovna eussent constitué un pas en avant vers la libéralisation de la Russie : bien trop superficiel était ce labour aristocratique dont le sillon n'aurait jamais percé jusqu'au cœur de la masse populaire. Quant à Anna, c'est sous son règne que se renforça brutalement l'influence et même l'emprise allemande, que fut en tout foulé aux pieds l'esprit national russe, que s'accrurent la possession de la terre par les nobles, le servage, y compris dans les fabriques (les fabriques nouvellement créées pouvaient acheter des paysans sans terre), que le peuple fut voué à de lourds impôts et à prodiguer ses forces vives dans des guerres conduites en dépit du bon sens.

Le règne d'**Anna Ioannovna** se signale particulièrement par des guerres et une politique étrangère insanes et malheureuses. Certes, déjà Pierre, dans ses élans irréfléchis, avait pu lui aussi se préoccuper de faire acquérir Stettin et la Poméranie à la Prusse ; à présent, c'étaient ses héritiers qui se mettaient en peine du Schleswig pour le Danemark, tandis que Münnich (Minikh), pour complaire à la France, lui proposait de tenir prêts, pour servir ses intérêts, un corps d'armée de 50 000 Russes, pourvu seulement qu'il reçoive des subsides. Sans manifester le moindre souci de l'énorme population russe, biélorusse et ukrainienne perdue sous la domination de la Pologne, le gouvernement d'Anna, cependant, était intéressé au plus haut chef à installer sur le trône de Pologne l'Électeur de Saxe. En un temps (1731) où le khan de Crimée menaçait « d'être en état d'accabler la Russie à coups de fouet[1] » (et les incursions tatares depuis le Sud étaient chose connue depuis longtemps en Russie et en Ukraine, et pouvaient toujours se répéter), un temps où (1732) la Russie se retirait tout juste d'une lointaine guerre avec la Perse, cédant non seulement Bakou et Derbent avec tout le territoire où Pierre s'était aventuré sans soutien ni forces suffisamment calculées, mais même la forteresse Sainte-Croix ; alors qu'en Russie s'était déchaînée (1733-1734) la famine et avait commencé le soulèvement des Bachkirs (1735) – à ce moment même (1733-1734), donc, Anna entra en guerre contre la Pologne pour placer l'Électeur de Saxe sur le trône de ce pays. (En quoi cela valait-il mieux que l'intrusion polonaise en Russie durant les Troubles et que les plans de Sigismond pour s'emparer du trône de Moscovie ?) « Le sens de la guerre contre la Pologne était totalement incompréhensible pour les Russes » (S. Soloviov). Et la Russie, par cette ingérence, constitua contre elle un front formé de la France, de la Suède, de la Turquie et des Tatars de Crimée, et le tout avec comme seule – et infidèle – alliée, l'Autriche. Au même moment (1734), les Tatars commencèrent à attaquer sur les fron-

---

1. S. M. Soloviov, *op. cit.*, livre X, p. 282.

tières russes, cependant que la Russie (en vertu d'un traité remontant à Catherine Iᵉʳᵉ) était obligée d'envoyer un corps de 25 000 soldats russes en Silésie pour aider l'Autriche. En 1735 éclata l'inévitable guerre avec la Turquie. Stratégiquement, elle seule se trouvait dans la ligne des intérêts russes, là où la Russie étouffait sans débouchés sur la mer Noire et la mer d'Azov. Mais comment cette guerre fut-elle menée ! Münnich la conduisit de façon médiocre, exténuante pour les soldats et tactiquement nulle. Avant même de se heurter aux Turcs, il avait déjà perdu la moitié de ses effectifs contre les Tatars. Honteusement incapable dans l'assaut livré à la ville d'Otchakov (1737) – du côté le plus difficile et le moins avantageux –, il finit par s'en emparer au prix d'énormes pertes, puis il l'abandonna, se dirigea vers le sud-ouest pour porter secours aux Autrichiens. Là, enfin, il opéra avec succès, mais l'Autriche trahit la Russie en signant une paix séparée avec les Turcs, et la Russie fut forcée de conclure la guerre en démantelant toutes les forteresses conquises : Otchakov, Pérékop, Taganrog et Azov. Mais nos pertes les plus lourdes furent humaines : la guerre nous coûta cent mille morts. La Russie entière, à l'époque, comptait onze millions d'habitants (moins qu'un siècle avant, sous Alexis Mikhaïlovitch, tant la population avait été clairsemée par Pierre !). Et représentons-nous le destin des recrues d'alors : le service du soldat ne connaissait pas de terme, on le prenait, en fait, pour la vie entière ; seule issue : la mort ou la désertion.

Sur l'état spirituel du peuple russe en ce temps-là, nous avons, pour l'époque d'Anna, un jugement de Soloviov : « Le bas clergé – séculier – était accablé par la pauvreté et, en outre, dans les villages, par les rudes travaux des champs qui ne donnaient pas au prêtre la possibilité de se distinguer de ses ouailles par ses capacités pastorales » ; un état qui « causait un tort effroyable à la masse de la population[1] ».

Soloviov tient l'époque d'Anna pour la plus sombre en raison également de la domination sans partage des étrangers en Russie ; l'esprit national russe ne commença à s'affranchir de leur joug que sous le règne d'**Élisabeth**. (Au demeurant, dans tout le xvIIIᵉ siècle, la classe dirigeante est imprégnée de dédain pour la façon russe de sentir, pour tout ce qui vient de son propre pays et pour la foi de ses moujiks.) Mais, ici, ce sont d'autres événements, d'autres lignes directrices de ce règne qui nous intéressent.

Avant d'être élevée au trône, Élisabeth avait mené un jeu très risqué et moralement douteux avec les diplomates français et suédois en poste à Pétersbourg. Avec Élisabeth, la France escomptait l'avènement d'un règne *russe*, le retour de la capitale à Moscou, la fin des ambitions maritimes et des interventions en Occident, – en un mot,

---

1. *Ibid.*, p. 547.

l'évacuation par la Russie du théâtre européen. Avec la Suède, Élisabeth avait mené des pourparlers dangereux, invitant ce pays à déclarer la guerre à la Russie (ce qui se produisit en juillet 1741) et à exiger la restauration de la ligne dynastique de Pierre. (Les Suédois, en revanche, exigeaient la restitution de toutes les conquêtes de Pierre, un pas qu'Élisabeth n'avait jamais songé à franchir.) Mais le coup d'État fomenté par Élisabeth à Pétersbourg se produisit sans aide de la France ni de la Suède, et la nouvelle tsarine monta les mains libres sur le trône.

Elle possédait, certes, un vif sens national russe et son orthodoxie n'était pas de façade (comme le sera plus tard celle de Catherine II). A la veille de devenir tsarine, elle avait fait vœu, dans une prière, de ne condamner personne à mort, et, sous son règne, effectivement, aucune sentence capitale ne fut exécutée, – un événement, à l'époque, tout à fait inhabituel dans l'Europe entière. Elle adoucit également les châtiments pour de nombreuses espèces de crimes. Fit remise (1752) de tous les arriérés d'impôts dus depuis la mort de Pierre : un quart de siècle. « Apaisa le sentiment national offensé après de longues années de pouvoir étranger » ; « la Russie revint à elle. » A plus d'une reprise (1744, 1749, 1753), elle eut des velléités de ramener la capitale à Moscou, et elle y transporta toute sa cour pour des séjours d'un an ; elle dirigea la restauration du Kremlin : une exigence de ses sentiments

russes, mais ses sentiments filiaux lui comman-
daient aussi de ne point compromettre le grand
dessein de son père. Cependant, pour alléger le
sort du peuple, elle n'alla ni loin, ni avec esprit de
suite. Sous son règne aussi continuèrent les persécutions cruelles et irréfléchies des vieux-
croyants (lesquels répondaient en s'immolant par
le feu), cette extermination du cœur même de la
Russie. Et les paysans furent accablés de nouveaux impôts ; ceux de Viatka se réfugiaient dans
les forêts où ils vivaient dans des villages clandestins ; ceux des provinces du centre passaient la
frontière polonaise, même si c'était pour y mener
une vie de malheur et d'humiliations ; les vieux-
croyants en faisaient autant sur l'autre rive du
Dnestr pour y préserver leur foi ; et ces fuyards
finirent par se compter *jusqu'à un million* ! Partout on manquait de main-d'œuvre, et les autorités essayèrent par la force de faire revenir les
fugitifs de la région du Don. Dans les districts de
Tambov, de Kozlov, de Chatsk, éclatèrent des
révoltes paysannes, des villages entiers s'enfui-
rent jusque sur la Basse-Volga, en quête de
liberté. Et on note de nombreux soulèvements de
paysans appartenant à des monastères (et quelle
inconvenance pour des monastères d'exploiter le
travail paysan !). – Ce n'est certes pas un hasard si
P. I. Chouvalov présenta en 1754 un « projet pour
épargner le peuple » (exemption des levées de
recrues pour ceux qui acquittaient la capitation ;
en cas de récolte insuffisante, attribution aux vil-

lageois d'une aide prélevée sur les dépôts de grain ; en cas de très mauvaise récolte, au contraire, élévation du prix du grain afin d'éviter qu'il ne chute pour le plus grand dommage du paysan ; des commissaires spéciaux instruiraient les litiges entre propriétaires fonciers et paysans ; cessation des pots de vin perçus par les fonctionnaires, dont les traitements seraient en revanche augmentés ; protection des villageois contre les pillages et les exactions, y compris ceux perpétrés par notre propre armée ; entretien et instruction des enfants de soldats) ; il était même prévu de « s'attacher, pour le plus grand profit de l'État, à connaître les opinions de la société ». – Élisabeth, toutefois, qui était montée sur le trône par la grâce de la noblesse de la Garde* et, de façon invisible, demeurait dans la dépendance des nobles, renforça, selon l'expression de Klioutchevski, la « noblocratie ». (Ainsi, en 1758, le propriétaire fut habilité à surveiller la conduite de ses serfs ; en 1760, à les déporter en Sibérie. D'un autre côté, les nobles, comme déjà sous le règne d'Anna, reçurent force allègements de leurs obligations militaires.)

Et c'est dans un pays en aussi piteux état, avec un peuple supportant des siècles de fatigue, que l'inconstante Élisabeth, en lieu et place de la « protection du peuple », se préoccupa des « dangers qui menaçaient l'équilibre européen », et lança impardonnablement la force du peuple russe dans des querelles qui nous étaient étrangères, et même dans des aventures. – Après avoir rapidement remporté une victoire écrasante sur la Suède, elle se laissa séduire ensuite par un absurde dessein dynastique : établir héritier de la couronne de Suède un des princes du Holstein (quel roi, au reste, n'échafaudait pas de grande politique sur des calculs et des mariages dynastiques ?), et, à cette fin, céda en 1743 à la Suède la Finlande qu'elle venait de libérer (laissant passer, du coup, l'éventualité, avantageuse pour la Russie, du libre développement d'une Finlande qui possédait déjà depuis le XVIIᵉ siècle sa propre assemblée délibérante) ; et elle se laissa aspirer encore plus avant : pour défendre la Suède contre le Danemark, elle expédia généreusement la flotte russe et l'infanterie russe à Stockholm... (Et pendant vingt ans encore, le gouvernement russe sera intensément occupé par les affaires intérieures suédoises, paiera des subsides pour maintenir notre creuse « alliance » avec elle, achètera des députés à la Chambre suédoise, et les diplomates russes s'ingénieront passionnément à « ne pas tolérer le rétablissement de l'autocratie » en Suède, pour que celle-ci continue à s'affaiblir.) – Elle brûlait d'envie d'avoir encore le Danemark pour allié fidèle, mais à cela s'opposait la fierté holstinoise de l'héritier de la couronne russe, Pierre Fiodorovitch. – C'est avec aussi peu de bon sens qu'Élisabeth prit des engagements lourds et sans intérêt pour nous vis-à-vis d'une Angleterre dont la Russie n'avait jamais reçu ni bien ni aide, cela en 1741 ; engagements suivis en 1743 d'une alliance directe qui obligeait la Russie à agir sur le continent dans les intérêts de l'Angleterre (avec le profond calcul que ledit prince holstino-suédois épouserait la reine d'Angleterre, et que nous constituerions alors une de ces coalitions ! Le pénétrant chancelier d'Autriche Kaunitz écrivait à Marie-Thérèse, dans un rapport daté de 1745 : « La politique de la Russie découle non pas de ses intérêts réels, mais des dispositions individuelles de telle ou telle personne. ») Puis, en 1751, la Russie s'engagea secrètement à défendre les possessions personnelles du roi d'Angleterre dans la principauté de Hanovre, en Allemagne de l'Ouest, à deux pas de chez nous ! monstrueux !

Tout près de nous se trouvait la Pologne, un pays que les querelles internes de sa noblesse n'arrêtaient pas d'affaiblir ; dans les siècles précédents, elle avait conquis et brimait une nombreuse population orthodoxe ; mais ce n'était pas le souci de venir en aide à celle-ci qui occupait Élisabeth, non : elle cherchait le moyen de défendre l'intégrité de ce pays affaibli (n'avait-il pas pour roi notre très cher électeur de Saxe... ?), ce qui, du même coup, nous amenait tout naturellement à défendre aussi la Saxe. (Pourquoi fallait-il que nous nous occupions de tout ça ?). – Au début de son règne, Élisabeth avait parfaitement compris que l'alliance autrichienne n'avait aucun intérêt pour nous. Mais voici que le roi de Prusse, le belliqueux et entreprenant Frédéric, s'empare de la Silésie autrichienne – et Élisabeth pardonne à l'Autriche (ses intrigues contre sa personne) et reconduit (en 1746) – et pour vingt ans de plus ! – le traité d'alliance périmé qui les unissait. Et, défendant l'Autriche et la Saxe contre Frédéric, elle dépêche contre lui les troupes russes en leur faisant traverser la Pologne indépendante ! – Oui, Frédéric avait agi avec une agressivité brutale, mais il était encore bien loin de constituer un danger pour la Russie. D'ailleurs, Frédéric se serait-il hasardé, même en conquérant la Pologne, à pénétrer sur le territoire de la géante Russie ? – Les finances russes, à l'époque, étaient complètement ruinées, on manquait de recrues, la conscription rendait peu, mais nous envoyions des troupes contre Frédéric (alors que, faute de garnisons, le long de nos routes et de nos frontières régnait en maître un véritable brigandage ; il était dangereux de voyager par terre et par eau), lequel, entre-temps, ayant obtenu ce qu'il voulait, conclut la paix avec l'Autriche. Autrement dit, nous marchons pour rien ? Que non : en 1747, nous expédions derechef un corps de trente mille hommes au-delà du Rhin, à la rescousse de l'Autriche, nous brouillant du même coup sans nécessité avec la France. (Encore n'entendons-nous pas les murmures des soldats et de notre population : le moyen de comprendre pareille campagne ?...)

Là-dessus intervient un apaisement général en Europe (seulement, personne ne convie la

Russie au congrès d'Aix-la-Chapelle, et la Russie ne reçoit rigoureusement rien). En revanche, merci, les historiens relèvent ceci : l'intervention de la Russie a mis un terme à la guerre de Succession de Pologne, à la guerre de Succession d'Autriche et aux insolences de Frédéric !

Mais pas pour longtemps : l'Europe grouille de soldats et d'appétits de conquêtes. Et, en 1756, la Russie exhorte avec insistance l'Autriche à tomber sur la Prusse le plus vite possible (le temps que l'Angleterre et la France s'expliquent en Amérique). En attendant, « nous n'avions pas un seul général convenable » (S. Soloviov), car, sous Anna Ioannovna, on n'avait pas formé de généraux russes, tout étant abandonné aux mains de mercenaires allemands. L'Autriche se tâte ; Frédéric, à la vitesse de l'éclair, s'empare de la Saxe, et voilà l'armée russe qui sort de ses frontières pour la guerre de Sept Ans (avec des obligations : telle chose à reprendre pour le compte de l'Autriche, telle autre pour la Pologne, et rien pour la Russie). Élisabeth, avide de mériter « la reconnaissance des alliés et de l'Europe entière pour la sécurité qu'elle lui avait procurée », aiguillonnait ses quatre feld-maréchaux interchangeables et incapables (comprenant mieux qu'eux, il faut l'avouer, la situation depuis Pétersbourg, mais songeons au temps nécessaire pour que les courriers arrivent à destination !). La guerre se passait ainsi : en été (mais pas chaque été), les opérations militaires ; dès avant les premiers jours d'automne, on se retirait loin de l'adversaire pour prendre de tranquilles quartiers d'hiver. (En Prusse, nos troupes dédommageaient les habitants pour chaque dégât.) La guerre mit à nu les nombreuses insuffisances dans l'instruction et l'état des armées russes. Nos généraux avaient l'art (bataille de Zorndorf) de disposer leurs troupes de façon telle qu'elles reçoivent en plein visage la lumière du soleil et la poussière apportée par le vent. Lors de toutes les batailles principales, ce fut Frédéric qui attaqua le premier, mais les Russes ou bien tinrent bon, ou bien remportèrent la victoire, et, dès 1757, elles firent irruption en Prusse. Après la bataille de Kunersdorf (août 1759), Frédéric s'enfuit, estimant perdue non seulement la campagne, mais aussi sa propre vie. En 1760, les troupes russes entrèrent dans Berlin, mais en ressortirent deux jours après, sans s'en assurer la possession. A présent, Élisabeth voulait très fortement un morceau de Prusse, pas pour lui-même, mais pour l'échanger contre la Courlande (toutefois, aussi bien l'Autriche que la France étaient vigoureusement contre et empêchèrent l'opération). Sans oublier le khan de Crimée qui, toutes ces années, poussait la Turquie (montée également par l'Angleterre) à se remettre en guerre contre la Russie (et comment la Russie aurait-elle tenu le coup ?) ; la Turquie hésitait, mais, après Kunersdorf, renonça. – L'année 1761 se passa encore à tergiverser dans l'inaction. Et il y avait de moins en moins de moyens d'entretenir l'armée russe dans une campagne lointaine ; on demandait déjà à l'Angleterre de s'entremettre pour faire la paix avec Frédéric, lequel, à bout de forces, inconscient de la situation, refusait toute concession. Sur ces entrefaites, Élisabeth mourut.

Monta sur le trône son neveu – une nullité, un esprit mesquin et indigent dont le développement s'était arrêté au niveau de l'enfance, une âme façonnée à la holstinoise : l'extravagant **Pierre III**. Il cimenta (1762) la « noblocratie » avec l'oukase « sur les libertés de la noblesse », après lequel – et pour les cent années à venir – pèsera sur la Russie un servage désormais dépourvu de sens du point de vue de l'État. (Cet oukase, entre autres conséquences, fit perdre à l'armée de nombreux officiers qu'il fallut remplacer par des étrangers.) « Il se proposa de changer notre foi, pour laquelle il éprouvait un mépris particulier », ordonna d'emporter les icônes hors des églises, aux prêtres de se raser et de porter un costume analogue à celui des pasteurs protestants. (Le revers positif de la médaille fut l'oukase interdisant de brimer dans leur foi les vieux-croyants, les musulmans et les idolâtres.) – Mais le tournant le plus brutal, le plus sensible fut celui que Pierre III eut, en six mois, le temps d'imprimer à la politique étrangère : à Frédéric II, qui avait perdu la guerre, déjà prêt à céder la Prusse orientale, il proposa de rédiger lui-même le traité de paix en faveur de la Prusse, de rendre pour sa part toutes les terres occupées par les Russes, et même de conclure immédiatement une alliance prusso-russe, d'aider la Prusse contre l'Autriche (ce pour quoi il mit à la disposition de Frédéric les seize mille hommes du corps du général Tchernychov), tandis qu'il expédiait des troupes russes en Poméranie contre le Danemark afin de reconquérir le Schleswig pour son Holstein natal. (Le refus, alors, par la Garde d'une campagne supplémentaire contre les Danois contribua à accélérer le coup d'État de Catherine.) « Les actes de Pierre III avaient profondément blessé les Russes (...), donnaient l'impression de tourner en dérision le sang versé dans les combats[1] » ; non seulement Pierre s'était entouré de Holstinois et d'Allemands, mais l'ambassadeur de Prusse, Goltz, se mit à diriger toute la politique étrangère de la Russie. Les Russes « considéraient avec désespoir l'avenir de leur patrie tombée aux mains d'étrangers incapables et de ministres d'un souverain étranger[2] ».

A la différence de celui d'Élisabeth, le coup d'État de Catherine n'eut rien d'un jaillissement du sentiment national. Étant donné l'élan qui poussait **Catherine II** à réformer – sans arriver à conclure – l'ancien code (son *Instruction* [*Nakaz*] de 1767 parlait tellement des *droits* et avec une telle audace qu'il fut *interdit* dans la

---

1. S. M. Soloviov, *Istoria...*, *op. cit.*, livre XIII, p. 58.
2. *Ibid.*, p. 66.

France d'avant la Révolution, tant il semait avec insolence « les germes européens » de ce siècle), on aurait pu s'attendre à voir l'impératrice faire beaucoup pour relever la condition du peuple, pour protéger plus ou moins bien les droits des millions d'humiliés. Mais il n'y eut que quelques velléités dans ce sens : affaiblissement de la pression exercée sur les vieux-croyants, consignes d'avoir à éviter les cruautés inutiles quand il s'agirait d'écraser les soulèvements paysans. (Elle se montra plus généreuse pour les colons qu'elle avait fait venir d'Allemagne : amples dotations en terre, construction de maisons à leur intention, exemptions d'impôts et du service de l'État pendant trente ans, prêts sans intérêts.) « Pour éviter la gêne aux propriétaires pauvres », Catherine ne cessa d'élargir les droits des nobles que même l'oukase « sur les libertés de la noblesse » n'avait pas suffi à contenter. Chaque propriétaire se vit confirmé dans son droit de déporter son paysan en Sibérie (ultérieurement, de l'y envoyer aux travaux forcés) sans avoir à expliquer au juge les raisons de cette déportation (mais avec l'avantage que le paysan comptait comme une recrue). « Le propriétaire en [de ses serfs] faisait commerce comme d'une marchandise vivante, non seulement en les vendant sans terre, mais aussi en les arrachant à leurs familles[1]. » Pire encore peut-être était l'absence de droits du paysan travaillant

---

1. V. Klioutchevski, *Kours...*, *op. cit.*, t. 4, p. 319.

dans les fabriques, souvent loin de son lieu de résidence et avec seulement quelques jours par an pour subvenir à ses propres besoins. En outre, Catherine « gratifia » ses favoris ou ceux qu'elle voulait récompenser de plus d'un million d'« âmes vives* » prises parmi les paysans encore libres ; et elle rendit plus rigoureux le servage en Ukraine où le paysan avait encore le droit de changer librement de maître. La Commission d'élaboration du nouveau code se proposait de donner aux nobles un pouvoir discrétionnaire sur leurs paysans (ce qu'il était déjà en fait, comme dans l'idée que s'en faisait l'administration) et de refuser d'accepter les plaintes émanant de serfs et de domestiques contre leurs maîtres. En 1767, lors du voyage de Catherine dans les pays de la Volga, un certain nombre de plaintes réussirent tout de même à atteindre l'impératrice ; celle-ci interdit « à l'avenir d'en soumettre de nouvelles » et, conformément à ses directives, le Sénat prescrivit « que les paysans et domestiques n'aillent point s'enhardir au point de présenter des suppliques », et de châtier par le knout ceux qui auraient cette audace. Ordre fut donné aux serfs des fabriques « d'obéir en silence sous peine des plus cruels châtiments[1] ». Et l'impératrice envoya des détachements armés de l'autre côté de la frontière polonaise pour faire revenir de force les paysans qui s'étaient enfuis jusque-là. – La minu-

---

1. S. M. Soloviov, *Istoria...*, *op. cit.*, livre XIV, pp. 54-56.

tieuse *Histoire* de Soloviov nous brosse tout au long de ses pages d'innombrables tableaux de la prévarication pratiquée dans les provinces. Les députés [à la Commission – NdT] réunis par Catherine déclaraient : « Qui peut ruiner quelqu'un le ruine. » – Mais Catherine entrait-elle dans tous ces problèmes ? Elle était entourée de flatteries et de mensonges démesurés qui faisaient agréablement écran entre elle et les dures conditions d'existence du peuple. – Notre grand poète Derjavine, qui avait servi sous trois souverains à des postes importants et observé de près la vie de la cour, écrit : « L'âme de Catherine était plus occupée par la gloire militaire et les desseins politiques (...). Elle gouvernait l'État et administrait la justice en se laissant plus guider par la politique et par ses vues personnelles que par la sainte Justice (...). Elle régna politiquement, soucieuse de ses intérêts ou favorisant les grands seigneurs[1]. »

Elle n'en devint que plus farouche après la révolte de Pougatchov (1773-1774). Répondant à la formule de Pouchkine (qui n'avait été dite qu'en passant, mais éculée depuis lors sans retenue par les ressasseurs et, de nos jours tout particulièrement, par les pseudo-intellectuels) : « la

---

1. *Sotchinénia G. R. Derjavina, s obiasnitel'nymi primetchaniami Ia. Grota* (Œuvres de G. R. Derjavine avec les notes explicatives de Ia. Grot), Saint-Pétersbourg, Ac. des Sciences, 2ᵉᵐᵉ éd., t. VII, 1878, pp. 627-632.

révolte russe, absurde et sans merci »,
I. Solonévitch demande en écho[1] : et pourquoi
cela, « absurde » ? Onze ans après l'oukase sur les
libertés de la noblesse (politiquement absurde,
lui, en vérité), et sous le joug croissant de Catherine, n'y avait-il pas de raisons à un soulèvement ? Voyez ceci, tiré du manifeste de Pougatchov : « ... s'emparer des nobles, les exécuter et
les pendre, et agir avec eux de la même façon
qu'eux-mêmes, n'ayant en eux aucune chrétienté,
en avaient usé avec leurs paysans (...), après l'extermination desquels dits nobles ennemis et scélérats, chacun pourra ressentir paix et vie tran-
quille, qui dureront tout le temps de leur
existence. » Pougatchov y croyait-il lui-même ?
La « vie libre », il se la représentait comme la possibilité pour le moujik d'agir collectivement à sa
guise, et n'avait pas la moindre idée d'une liberté
organisée, bien ordonnée (S. Lévitski). En
revanche, « n'ayant en eux aucune chrétienté »,
c'est bien vrai ! Chose caractéristique, en même
temps, lors de la révolte de Pougatchov comme
lors de toutes les émeutes du Temps des Troubles,
les masses populaires n'ont jamais aspiré à l'anarchie, elles se laissaient duper par l'illusion falla-
cieuse (comme, plus tard, avec les décembristes*)
qu'elles agissaient en faveur du Souverain légitime. N'était-ce pas pour cette raison que Pougatchov s'empara de nombreuses villes sans coup

---

1. I. Solonévitch, *Nar. monarkhia*, *op. cit.*

férir, de Saratov même, de Samara (qui l'accueillit au son des cloches), et que se rallièrent à lui les vieux-croyants de l'Irghiz ? (A ce propos, le même Derjavine, qui servit sur les lieux du soulèvement, note, en en décrivant le cours, l'arrogance, la bêtise et la perfidie des grands seigneurs chargés de réprimer le soulèvement de Pougatchov.)

En revanche, se ressentant comme une Européenne d'avant-garde, Catherine n'en était que plus vivement intéressée par les problèmes de l'Europe. Alors qu'elle n'était pas encore affermie sur son trône, il lui fallut entériner la paix honteuse conclue par Pierre III avec la Prusse, mais, juste après, elle entra avec ce pays dans une alliance honteuse, parfaitement désavantageuse pour la Russie, et se subordonna à la politique de Frédéric. En sa compagnie, elle entreprit de placer Poniatowski sur le trône de Pologne (vains efforts : comme le dit Klioutchevski, étant donné les particularités de la constitution polonaise, un roi de Pologne ami nous était inutile, ennemi – inoffensif ; quant à Poniatowski, sitôt élu, il se mit à trahir ses protecteurs et à se lier d'amitié avec le roi de France). – Des années durant, Nikita Panine chercha à séduire Catherine avec un stérile projet d'« Alliance du Nord » qui n'avait d'intérêt que pour l'Angleterre (le projet n'aboutit pas et, du reste, ni l'Angleterre, ni la Suède, ni le Danemark ne pouvaient nous être d'aucun secours ; quant à l'Angleterre, elle ne fit pas de manières, en 1775, pour réclamer à la Russie un corps de vingt mille hommes destiné au Canada ; Catherine, tout de même, refusa).

En ce qui concerne la Pologne, Catherine avait le raisonnable souci que les orthodoxes « s'y vissent accorder une situation légale fondée sur les droits et la justice », ce dont ils étaient totalement privés : on les polonisait de force (une complète négligence de la part de Pierre, lequel ne s'occupait pas de ces choses, pas plus qu'Élisabeth), alors que la Russie jouissait d'une forte influence dans la Pologne du xviiiᵉ siècle affaiblie par ses désordres. Et Catherine obtint un certain droit d'intercession en faveur des orthodoxes, même si elle craignait d'obtenir pour eux trop de droits, ce qui risquait d'intensifier l'exode des Russes dans ce pays. (Comme réaction aux concessions faites en Pologne, les fonctionnaires polonais et le clergé uniate* se mirent à persécuter à tout va les orthodoxes en Ukraine, d'où le terrible soulèvement des haïdamaques* en 1768, où périrent cruellement de nombreuses victimes. Son mot d'ordre était « Pour la foi ! », et il s'abritait à l'ombre de la Souveraine : un faux ordre de Catherine.) – La présence de détachements cosaques en Pologne, les heurts par endroits avec des détachements de « confédérés* », conduisirent à créer un état de tension en Turquie, à l'époque limitrophe de la Pologne. Et l'attaque par un détachement haïdamaque d'un village tatar près de Balta servit de prétexte direct : en septembre 1768, la Turquie (une fois de plus sou-

tenue et excitée par l'Angleterre et la France)
déclara la guerre à la Russie (le pays n'y était pas
prêt). – Et bientôt le khan Krym-Ghireï de piller
et brûler la province de Iélisavetgrad (la dernière
invasion tatare dans l'histoire russe : 1769). En
Pologne même, l'attaque turque contre la Russie
fut ressentie avec un immense enthousiasme,
alors qu'elle eut pour conséquence l'abandon à la
Turquie de territoires proches de Kiev, peuplés
par des paysans de confession orthodoxe.

Ici aussi, Catherine commit de grosses
bévues diplomatiques : elle escomptait que la
Prusse serait une alliée, que l'Autriche, face à la
Turquie musulmane, accorderait ses faveurs à la
chrétienne Russie, et se donna pour but non pas
seulement de se frayer un accès à la mer Noire,
seule chose vitalement indispensable à la Russie,
mais entreprit soudain « de mettre le feu à la Turquie de toutes parts », et se fourra dans la tête un
inexécutable « projet grec » : restaurer l'Empire
byzantin sur les ruines de l'Ottoman (Voltaire
aussi, soit dit en passant, le lui conseilla ; elle
avait déjà prévu de placer sur le trône de Byzance
son petit-fils Constantin Pavlovitch) ; elle envoya
des escadres en Grèce, contournant toute l'Europe, et dépêcha des fauteurs de révolte parmi les
chrétiens des Balkans. Ce plan chimérique n'avait
aucune chance d'être réalisé à brève échéance, et
il était impossible de réunir et de soulever les
Grecs à cette fin, mais là, pour la première fois,

plana sur l'Europe le redoutable spectre de l'intervention russe dans les Balkans.

Hélas, cette idée fausse, creuse, magique, excita les dirigeants russes, puis la société russe pendant tout le XIXᵉ siècle, et, naturellement, dressa contre nous toute l'Europe, à commencer par l'Autriche, voisine des Balkans, et il en fut ainsi jusqu'aux abords mêmes de la Grande Guerre.

Le cours des opérations militaires fut très favorable à la Russie : prise d'Azov, de Taganrog, de Bucarest aussi à l'automne de 1769, d'Izmail en 1770, importantes victoires à Focşani, sur le Kagul, à la bataille navale de Tchesmé, et même prise de Beyrouth par la mer ; à l'été 1771, les armées russes pénètrent en Crimée, prise de Kertch. Mais de ces incessants succès russes ne découla aucun résultat. Les victoires russes étaient ruinées par la diplomatie : pour la énième fois, la diplomatie européenne se révéla imprévisible et énigmatique pour la russe. L'« allié » de la Russie, Frédéric, qui n'avait pas oublié les cruelles leçons de la guerre de Sept Ans, cherchait à présent à faire avorter une paix avantageuse pour la Russie. La guerre russo-turque rapprocha énormément la Prusse de l'Autriche. Cette dernière ne voulait pas prendre son parti de l'indépendance de la Moldavie et de la Valachie (que voulait la Russie pour affaiblir la Turquie : la séparer, sur la terre ferme, des Tatars), elle se réservait volontiers les deux pays ; en cas d'avancée victorieuse des Russes sur Constantinople, elle se préparait à lui porter un coup dans le dos (situation qui se retrouvera aussi au XIXᵉ siècle). – Pendant ce temps, la Russie épuisait ses moyens. En outre, les troupes russes avaient contracté la peste dans les territoires turcs, la contagion avait gagné Moscou et elle causa de grandes dévastations, parce que les habitants ne comprenaient pas et méprisaient les exigences de la quarantaine. – Les pourparlers de paix avec la Turquie commencèrent en 1772, mais la paix ne venait toujours pas (la Turquie hésitait), elle ne fut conclue qu'en 1774 (traité de Koutchouk-Kaïnardji), après l'avènement d'un nouveau sultan et les nouvelles victoires remportées par un Souvorov en pleine ascension. Le traité laissait aux khans de Crimée leur indépendance, assortie d'une subordination spirituelle reconnue à la Turquie. La Russie recevait la steppe (d'abord jusqu'au Dnestr, puis seulement jusqu'au Boug), les rives de la mer d'Azov, Taman et Kertch ; la Moldavie, la Valachie et les pays d'outre-Boug restaient à la Turquie. En outre, la Russie se voyait attribuer un droit de protection des populations orthodoxes dans tout l'Empire ottoman. (A l'époque, cela s'entendait sincèrement au sens religieux, mais projetait déjà sur l'avenir une ombre politique menaçante. Les puissances européennes, d'où étaient jadis parties les Croisades en Asie mineure, se mirent désormais à protéger la Turquie de la chrétienne Russie.) – Mais la guerre, en fait, ne s'arrêta pas là : la Turquie, qui sentait le soutien de l'Europe, renâclait à exécuter le traité et, en 1779, la Russie fit encore une concession, se retirant de Taman et de la Crimée.

Entre-temps, le malin Frédéric s'était avisé que la sanglante guerre russo-turque constituait un contexte particulièrement favorable au partage de la Pologne. (Il avait déjà eu cette idée auparavant. Pour l'honneur de Marie-Thérèse, il faut remarquer qu'elle estimait que ce partage était en contradiction avec la conscience chrétienne et qu'elle eut là-dessus une longue discussion avec son fils et héritier Joseph. Puis « la cour de Vienne, pour diminuer l'injustice du partage, se tint pour obligée d'y prendre part ».) Au demeurant, c'est l'Autriche qui s'octroya le plus grand morceau de Pologne et, en outre, un morceau de la Bukovine du Nord, pris à la Turquie, laquelle n'aurait pas non plus été opposée à l'idée de prendre part au dépeçage. La « Russie rouge » (Galicie et Transcarpathie), héritage de la *Rous* de Kiev, passa aussi entre les mains de l'Autriche. Aux termes de ce premier partage (1772), la Russie récupéra la Russie blanche sœur, tandis que Frédéric s'adjugeait des terres proprement polonaises. Toutefois, l'État polonais, même rogné, était maintenu.

En 1787-1790 eut lieu encore une guerre avec la Turquie ; la Russie se trouvait de nouveau précairement alliée à l'Autriche, laquelle conclut inopinément un armistice. Alors, de nouveau, les troupes russes remportèrent de grandes victoires : autour d'Otchakov, qui refusait de se rendre, de Bender, d'Akkerman, – et surtout avec la prise d'Izmail par Souvorov. Mais, au fur et à mesure que se développaient ces victoires, la Russie sentit une fois de plus que les puissances européennes ne la laisseraient pas en récolter les fruits. L'Angleterre déclara qu'elle ne tolérerait aucune modification aux frontières turques (cela, alors que les Turcs se trouvaient sur le Boug et sur le Dnepr inférieur !). La Prusse conclut avec la Turquie un accord secret, se préparant à la guerre. Les puissances réunirent un Congrès (Reichenbach, 1790) qui se proposa à lui seul d'élaborer le traité de paix entre la Russie et la Turquie. (Proposèrent également leur aide la Hollande, l'Espagne, la Sicile.) Mais là, la Révolution française intervint de façon paradoxale : elle effraya l'Europe entière et donna, entre-temps, à la Russie la possibilité de conclure en 1791 la paix victorieuse de Iassy. (Klioutchevski écrit que la précédente guerre russo-turque aurait dû se terminer ainsi, n'eût été l'intervention de l'Europe.)

De ce fait, la Russie obtint l'accès à ses limites méridionales naturelles : la mer Noire, incluant la Crimée, et le Dnestr. (Comme avaient été déjà atteints les océans Glacial au Nord et Pacifique à l'Est.) Et, il fallait le comprendre, c'est là-dessus qu'on aurait dû désormais s'arrêter après les quatre guerres russo-turques du XVIIIᵉ siècle. Hélas, au siècle suivant, la Russie mena encore contre la Turquie quatre guerres que ne justifiaient déjà plus le sens de la nation ni les intérêts de l'État.

A l'abri des protubérances de la même Révolution française, il fut à nouveau procédé à deux partages de la Pologne affaiblie (1792 et 1795). La Russie reçut la Volhynie, la Podolie, la partie occidentale de la Russie blanche (ce qui, à l'exception de la Galicie, parachevait la réunification des Slaves de l'Est – de la *nation russe [rousskoïé plémia]* comme on la comprenait alors –, héritage de la *Rous* de Kiev). « La Russie ne s'était rien approprié d'originellement polonais, elle avait récupéré ses terres antiques et une partie de la Lituanie[1]. » La Prusse, elle, avait pris des territoires purement polonais, incluant Varsovie.

Ici aussi, Kaunitz souligne que Catherine était mue par le désir d'avoir de l'influence en Europe et par la manie de s'occuper des affaires des autres. (A ce trait peut être également rattaché l'accord « archiconfus » – selon le jugement de Klioutchevski – de 1782 avec l'Autriche : à partir de la Moldavie, de la Valachie et de la Bessarabie, constitution d'une irréelle « Dacie », Serbie et Bosnie revenant à l'Autriche, la Morée, la Crète et Chypre à Venise.) Derjavine écrit que « vers la fin de sa vie, elle ne pensait plus à autre chose qu'à conquérir de nouveaux royaumes ». Son intervention dans le conflit franco-autrichien

---

1. V. Klioutchevski, *Kours...*, *op. cit.*, t. 5, p. 60.

était une idée non seulement stérile, mais aussi nuisible. Catherine avait mené six guerres (un de nos règnes les plus sanglants) et, à la veille de sa mort, elle se préparait à une septième : contre la France révolutionnaire.

Cette guerre fut malencontreusement reprise à son compte par **Paul**. Or les héroïques campagnes de Souvorov en Italie et en Suisse, qui nous remplissent d'un tel enthousiasme (ainsi que les Suisses encore aujourd'hui), étaient *absolument inutiles* à la Russie, elles ne furent qu'une perte de sang, de forces et de moyens russes. De même pour le soubresaut inverse : l'alliance avec Bonaparte pour faire la guerre à l'Angleterre, l'envoi délirant de Cosaques du Don dans les Indes (pour lequel, au témoignage de Derjavine[1], furent dépensés six millions de roubles ; et on est plus que fondé à soupçonner que le complot visant à éliminer Paul fut nourri par l'Angleterre).

Le court règne et la personnalité de Paul ont suscité des jugements contradictoires. Klioutchevski l'appelle le « tsar anti-noblesse » ; le professeur Tréfilov écrit que Paul « avait pris très à cœur les besoins de la paysannerie serve ». Et, de fait, comment ne pas apprécier que le jour même de son couronnement (1797), il ait limité la corvée* à trois jours par semaine, puis interdit (1798) la vente de serfs sans terre, ce qui constituait un tournant important dans la pratique du

---

1. *Sotch. Derjavina...*, éd. citée, t. VII, p. 718.

servage, un passage de l'essor au déclin. Il abrogea également l'oukase de Catherine interdisant aux paysans de présenter des suppliques contre leurs maîtres, et introduisit un système de boîtes à réclamations. – Derjavine (qui n'était pas sans avoir un compte personnel à régler avec Paul) parle, lui, de son caractère fantasque, de son regard fréquemment superficiel sur les choses (des projets à discuter, comportant deux avis différents, revenant avec la résolution : « pour exécution ») ; sous Paul Iᵉʳ, les institutions antérieures dues à Pierre et à Catherine furent dénaturées sans raison ; « maintes personnes, sur délation, furent jetées dans le malheur » ; lors de son avènement et de son couronnement, Paul distribua à n'importe qui, avec hâte et déraison, des paysans de la Couronne auxquels il enlevait leurs meilleures terres, « même de labour et de jardinage ». Dans l'entourage de Paul Iᵉʳ, écrit encore Derjavine, « personne ne s'occupait de rien qui eût trait au bien commun de la patrie, seulement de son luxe et de ses besoins personnels ». (Mais ce reproche peut être adressé aux dignitaires de différents temps et pays, et pas seulement monarchiques, mais aussi archidémocratiques, y compris les plus récents.)

Pour en finir avec le XVIIIᵉ siècle, on ne peut pas ne pas être frappé par la cascade d'erreurs commises par nos dirigeants, par leur inclination pour ce qui n'est pas essentiel à la vie du peuple. Pourtant, Lomonossov nous avait prévenus :

« Contre l'Europe occidentale, nous ne pouvons mener qu'une seule sorte de guerre : défensive. » Dès la fin du XVIIe siècle, le peuple avait besoin d'une longue période de repos, mais, durant tout le XVIIIe, on n'arrêta pas de le surmener. A présent, enfin, tous les buts nationaux extérieurs ont l'air d'être atteints ? Arrêtons-nous donc et tournons-nous entièrement vers notre organisation intérieure ? Eh bien non ! Les divagations extérieures des dirigeants de Russie étaient loin de toucher à leur fin. – Il semblait, pour parler comme S. Soloviov, que l'immensité de l'État de Russie « non seulement ne développait pas dans le peuple russe (...) le désir du bien d'autrui » – dans le peuple, oui, certes, mais chez les dirigeants ? –, mais « le non-désir du bien d'autrui pouvait se transformer en négligence de son propre bien[1] » – et c'est en effet ce qui se produisit... – Nous trouvons une observation proche chez D. S. Pasmanik : grâce à ses immenses étendues, le peuple russe s'est facilement développé dans l'horizontal, mais, pour la même raison, il n'a pas grandi dans le vertical ; « têtes chaudes » et « personnalités critiques » s'en allaient grossir les rangs de la Cosaquerie (alors qu'en Europe occidentale on s'agglomérait dans des villes, y édifiant une civilisation) ; les dirigeants russes étaient démangés par le besoin de la colonisation au lieu de travailler au recentrement.

---

1. S. Soloviov, *Istoria...*, *op. cit.*, livre XIII, p. 438.

Pour notre chagrin, il en fut longtemps ainsi au xixᵉ siècle. Et nos xviiiᵉ et xixᵉ siècles, de par leur signification, se sont fondus en une seule et unique *période pétersbourgeoise*.

Contemporains et historiens s'accordent dans leur appréciation du caractère d'**Alexandre Iᵉʳ** : rêveur romantique, aimant les « belles idées puis s'en lassant », « une volonté prématurément épuisée », inconséquent, irrésolu, peu assuré, aux multiples visages. Sous l'influence de son précepteur La Harpe, un révolutionnaire suisse, il accordait « une importance exagérée aux formes de gouvernement » (Klioutchevski), étudia avec plaisir une constitution libérale pour la Russie et contribua à son élaboration – pour une société dont la moitié était vouée à l'état de servitude ; puis il octroya une constitution au Royaume de Pologne, qui devançait ainsi la Russie d'un siècle. Il affranchit les prêtres des châtiments corporels (une monstruosité qui subsistait encore !), autorisa les paysans à contracter mariage sans être obligés de tenir compte de la volonté de leurs maîtres, et tendit vaguement à leur émancipation, mais sans aucune terre (au reste, il en fut de même pour les décembristes) ; toutefois il ne fit rien, sauf (1803) la « loi sur les cultivateurs libres » – leur affranchissement avec l'assentiment de leurs maîtres, ainsi que l'interdiction de nouvelles distributions de paysans de la Couronne à des propriétaires. Alexandre manifesta également son aboulie à l'égard des sociétés secrètes, ayant participé lui-même dans sa jeunesse à un complot fatal. « Blâmant sans discernement le gouvernement de l'empereur Paul, on se mit sans plus de discernement à dénaturer tout ce qui avait été fait par lui », écrit Derjavine ; l'entourage du tsar « était farci d'esprit constitutionnel français et polonais », alors que « la complaisance avec laquelle on laissait la jeunesse noble s'adonner à l'oisiveté, à la mollesse, au caprice, permettait aux ennemis de la patrie de saper la défense principale de l'État ». Vers 1812, témoigne-t-il, les hauts dignitaires « avaient réduit l'État à une situation misérable[1] ». Sous Alexandre Iᵉʳ, la bureaucratie ne cessa de prospérer.

Oui, en ces années, l'Europe occidentale était ébranlée et disloquée, Napoléon détruisait et créait des États, mais cela n'avait rien à voir avec la Russie, disposée à l'écart, aux étendues capables d'effrayer tout conquérant et dont la population avait tant besoin de repos et d'une administration raisonnable et diligente. A q u o i b o n nous mêler des affaires européennes ? Mais ce fut justement là-dedans que se plongea Alexandre Iᵉʳ, oubliant la Russie (par son entichement des idées occidentales, il rappelait fortement Catherine). – Des historiens français écrivent : Alexandre était entouré de conseillers pro-anglais et engagea contre Napoléon une

---

1. *Sotch. Derjavina...*, éd. citée, t. VII, pp. 723-753.

guerre inutile qui lui était imposée par l'Angleterre : coalition avec l'Autriche (1805), puis la Prusse (1807). Que de pertes nous consentîmes dans ces vaines batailles, déployant « la valeur obstinée de ces troupes que les Français ne connaissaient pas ». Après cela, Alexandre ne put pardonner Austerlitz à Napoléon et réunit de nouvelles forces contre la France. La guerre menaçait avec la Turquie et la Perse, mais non : Alexandre se préparait à une longue campagne – rejeter Napoléon au-delà du Rhin. A ce moment, un agent de Napoléon inclina le sultan à déclarer la guerre à la Russie[1].

Offensé par la non-participation de l'Angleterre, Alexandre se précipita alors dans l'amitié avec Napoléon : paix de Tilsit (1807). Il est impossible de ne pas reconnaître cette démarche comme ce qu'il pouvait y avoir de plus avantageux pour la Russie, et il aurait fallu s'en tenir à cette ligne de neutralité bienveillante, méprisant le grommellement des salons huppés de Pétersbourg (capables aussi, du reste, de monter un nouveau complot pro-anglais) et des propriétaires que le Blocus continental privait de leurs exportations (il en serait resté davantage pour la Russie). – Mais, ici aussi, Alexandre ne voulut point rester totalement inactif. Non, la paix de

---

1. *Histoire générale du IVe siècle à nos jours*, publiée sous la direction de E. Lavisse et A. Rambaud, Paris (désormais « Lavisse et Rambaud »), t. 9, 1897, pp. 94-114.

Tilsit et le début de la guerre avec la Turquie ne lui suffisaient pas : dans la même année 1807, il déclara la guerre à l'Angleterre ; Napoléon « proposait la Finlande », à prendre sur la Suède, et Alexandre pénétra (1808) en Finlande et l'enleva à la Suède, – e t à q u o i b o n ? c'était un insupportable fardeau de plus sur les épaules russes ! Le tsar refusa une suspension d'armes avec la Turquie assortie d'une évacuation de la Moldavie et de la Valachie, et voici de nouveau nos troupes à Bucarest (Napoléon avait « proposé » aussi à la Russie la Moldavie-Valachie, pour ne rien dire d'un partage de la Turquie avec la France, qui lui eût ouvert la route de l'Inde), mais, après le coup d'État à Constantinople, Alexandre n'en fut que plus ardent à marcher contre la Turquie. – Mais pourquoi donc, sans s'attacher à toutes ces brûlantes conquêtes, ne pas s'en tenir au traité de Tilsit, si avantageux pour la Russie, ne pas rester en paix à l'écart de la mêlée européenne, ne pas se fortifier et gagner en santé intérieure ? Quelques agrandissements qu'obtînt Napoléon (embourbé du reste en Espagne), il ne menaçait pas la Russie (qu'il venait d'attirer dans de fâcheuses alliances actives) ; jusqu'en 1811, même, il essaya d'éviter un conflit avec elle. *La Guerre de 1812 aurait pu ne pas avoir lieu !* – avec toute sa gloire, mais aussi toutes ses victimes –, n'eussent été les erreurs d'Alexandre. (De la guerre avec la Turquie, qui ne s'était pas éteinte en 1809, parce qu'Alexandre exigeait l'indépendance de la Serbie – déjà le jaillissement de l'idée panslaviste ! –, nous ne nous dépêtrâmes, presque par miracle et grâce aux efforts de Koutouzov, qu'en 1812, un mois avant l'invasion napoléonienne ; la guerre contre la Perse, elle, traîna encore un an...)

Mais bon, au prix de la plus extrême tension et de l'incendie de Moscou (un fait peu connu : les hôpitaux militaires moscovites virent périr brûlés quinze mille Russes blessés à Borodino[1]), c'est fait, nous avons gagné la guerre. Ne serait-ce pas le moment de rester à l'intérieur de nos frontières (des voix de généraux se firent entendre dans ce sens) ? Non certes : la Russie doit aider à mettre de l'ordre en Europe (et à monter contre nous dans l'avenir deux puissants empires : Autriche et Allemagne). Après la bataille de Lützen, « Alexandre aurait pu obtenir de Napoléon, par une paix séparée, tout ce qu'il voulait », mais « le souci des intérêts russes avait sombré dans l'idée de pacification universelle qu'il s'était imposée à lui-même » et « nous couchâmes toute une armée sur les champs de bataille de Lützen et Bautzen, Dresde, Leipzig et autres, nous fîmes des centaines de millions de dettes, laissant même tomber le rouble (...) jusqu'à vingt-cinq kopecks-argent, nous entravâmes notre développement pour des dizaines d'années[2] ». (Et pendant les Cent Jours encore, nous envoyâmes 225 000

---

1. Lavisse et Rambaud, *op. cit.*, t. 9, p. 794.
2. V. Klioutchevski, *Kours...*, *op. cit.*, t. 5, pp. 454-455.

hommes ; désormais, Alexandre, dans sa colère, était prêt à faire la guerre « jusqu'au dernier soldat et jusqu'au dernier rouble ».) – Alexandre expédia-t-il les troupes russes à Paris en vertu de convictions monarchistes, pour la restauration des Bourbons ? Non, il hésita sur ce point jusqu'au dernier moment (la chose fut arrangée par Talleyrand) et obligea à jurer une constitution[1], communiquant ainsi à Louis XVIII ses humeurs libérales. Rechercha-t-il une compensation territoriale pour la Russie après une guerre aussi sanglante et aussi triomphale ? Non : en 1813, il n'avait posé à l'Autriche et à la Prusse aucune condition préalable à son aide. La seule chose raisonnable qu'il pouvait faire, c'était d'obtenir le retour de la Galicie parmi les possessions russes, parachevant ainsi l'unification des Slaves de l'Est (et quels problèmes destructeurs il aurait épargnés à notre histoire à venir !). A ce moment, l'Autriche ne tenait pas particulièrement à la Galicie, elle avait davantage besoin de récupérer la Silésie, de se rattacher Belgrade, la Moldavie-Valachie, s'étendant ainsi de l'Adriatique à la mer Noire. Mais Alexandre ne mit pas à profit cette possibilité, si réelle pour la Russie en cette conjoncture. Non, indéracinablement contaminé par les « belles idées » et ne voyant pas, sur l'exemple de l'Autriche, quel tort il y a pour la nation dirigeante à créer un empire multinatio-

---

1. Lavisse et Rambaud, *op. cit.*, t. 9, p. 884.

nal, il exigea la réunion à la Russie de la partie centrale de la Pologne partagée – le duché de Varsovie –, afin de faire son bonheur en lui adjoignant des provinces russes pour constituer son « Royaume de Pologne », en lui octroyant la grâce de sa tutelle personnelle et une constitution d'avant-garde ; et la Russie reçut ainsi, pour les cent ans encore à venir, un cadeau empoisonné de plus, un nid de soulèvements de plus, un fardeau de plus sur les épaules russes et un aliment de plus à l'hostilité que les Polonais vouent à la Russie.

Les guerres avec la Perse, de leur côté, avaient déjà une longue histoire, avec pour axe principal la défense de la Géorgie ; cela avait commencé sous Boris Godounov, dont le roi de Géorgie, Alexandre, avait demandé la suzeraineté. Pour des raisons religieuses, il parut nécessaire et naturel d'aider un peuple chrétien étouffé de l'autre côté de la chaîne du Caucase, – les intérêts du peuple russe et de l'État russe, là encore, étant rejetés à l'arrière-plan. En 1783, une demande semblable avait été adressée par le roi de Géorgie, Héraclius. Dans la dernière année de son règne, Catherine avait envoyé une armée de 43 000 hommes en Azerbaïdjan, rappelée par Paul. Sous Alexandre, les hostilités repartirent, le Daghestan fut conquis – *pour quelle nécessité russe ?* pour naviguer sur la mer Caspienne ? Jusqu'à Tilsit, Napoléon aussi poussa le chah de Perse à envahir la Géorgie ; après Tilsit – à défaut de lui, l'Angleterre. La paix de 1813 reconnut à la Russie la possession de toute la Géorgie et du Daghestan, pénétration dangereuse et sans utilité pour la Russie dans des pièges toujours nouveaux.

Durant la seconde moitié de son règne, Alexandre Ier sombra dans le conservatisme. Ame de la Sainte Alliance, il en vint, en 1817, à insister pour répondre favorablement à la demande du roi d'Espagne et envoyer des troupes écraser les colonies hispano-américaines insurgées – en un lieu où n'avaient pas encore paru les troupes russes ! (Il en fut détourné par Metternich.) En 1822, Alexandre proposa avec ferveur de réprimer la révolution en Espagne même. Mais il était prêt en même temps à soutenir l'insurrection de chrétiens (les Grecs) contre les Turcs au moyen de forces russes ; il menait des pourparlers avec l'Angleterre au sujet d'opérations conjointes lorsque survint ce qu'on est convenu d'appeler sa fin.

Nicolas Ier s'estimait avant tout un souverain *russe* et plaçait les intérêts russes au-dessus des intérêts communs des monarques européens. Mais, ennemi irréductible des révolutions, il ne put y tenir : en 1830, il était disposé – avec déjà l'assentiment des monarques allemands – à écraser conjointement la révolution de Juillet en France, puis en Belgique (il en fut empêché par l'insurrection polonaise) ; de la même manière, en 1848, il proposa des forces russes au roi de Prusse pour écraser la révolution à Berlin ; en

1848-1849, derechef, il chargea d'abondantes troupes russes d'une mission qui nous était étrangère et nuisible : sauver les Habsbourg de la révolution hongroise. Et il soutint encore une fois les Habsbourg contre la Prusse (1850), – avec quel profit pour la Russie ? la chose est impossible à expliquer ; et, à entrer dans plus de détails, notre constante assistance à l'Autriche y paraît encore plus absurde. (En guise de remerciement, Nicolas reçut de l'Autriche un coup de poignard dans le dos pendant la guerre de Crimée.) Dans la même année 1848, Nicolas envoya des troupes en Moldavie-Valachie, toujours pour y réprimer des troubles, mais cette fois en compte à demi avec la Turquie et contre une population chrétienne... Nous nous occupions de tout ce qui nous était étranger. Pendant toute l'ère de Nesselrode, la diplomatie russe reste incure, myope et vouée à des intérêts qui n'étaient pas proprement ceux de la Russie.

L'insistante et persistante malveillance manifestée envers Nicolas Iᵉʳ par toute la société libérale de Russie pendant tout le XIXᵉ siècle (hélas, sans en excepter Tolstoï), et réactivée à plus d'une reprise sous les bolchéviks, découle principalement de ce que ce tsar a écrasé le soulèvement des décembristes (on ne se priva pas de lui imputer par dessus le marché la mort de Pouchkine). Personne aujourd'hui n'est troublé par le fait que certains aspects des programmes décembristes promettaient à la Russie la tyrannie révolutionnaire, ou que tels ou tels d'entre eux, à l'enquête, répétaient avec insistance que la liberté ne saurait être fondée que sur des cadavres. (N'omettons pas certains autres détails : Nicolas sortait du Palais d'Hiver à la rencontre de la foule excitée, on lui tira dessus et sur son frère Michel, on tua le général Miloradovitch – le tsar n'avait pas encore donné l'ordre de tirer pour disperser. Avec notre expérience soviétique, il est des choses, semble-t-il, que nous devrions apprécier : t o u s les soldats furent pardonnés dans les quatre jours ; cent vingt et un officiers arrêtés furent interrogés sans la moindre pression ni dénaturation ; des trente-six condamnés à mort par le tribunal, trente et un furent graciés par Nicolas. Le jour de l'exécution des cinq qui restaient, fut rendu public un manifeste concernant les parents de tous les condamnés : « Le lien de parenté communique à la postérité la gloire acquise par les ancêtres, mais ne couvre pas d'infamie pour les vices ou les crimes des individus. Que personne n'ose les imputer à reproche à quiconque du fait de sa parenté. » [A notre époque soviétique, c'est comme ça que ça se serait passé.] Et quand la diète polonaise, se fondant sur *ses propres* lois, gracia les décembristes polonais, Nicolas, fou de rage, mais respectant la *loi*, confirma.)

De l'extérieur, voici comment des historiens français du XIXe siècle parlent de Nicolas : « Il

était appliqué, exact, laborieux (...), économe[1] »
(cette dernière qualité qui manquait tant à nos
empereurs après Pierre, y compris à Catherine).
Ce qui le distinguait de beaucoup de ses prédéces-
seurs, c'était justement la quête opiniâtre du sens
de l'État et la conscience des intérêts russes. Mais
de longues années de pouvoir sans limites sur un
empire s'étendant à perte de vue avaient renforcé
en lui une appréciation hypertrophiée des possibilités de sa *volonté*, le tout rendu plus abrupt
encore par son inflexible raideur. Ces défauts
aboutiront aux désastres de la fin de son règne.

En attendant, le servage qui, depuis Pierre III
– déjà soixante dix ans –, était dépourvu de toute
signification du point de vue de l'État, avait crû,
note Klioutchevski, dans des proportions stu-
pides et cruelles, freinant le développement de
l'agriculture en tant que telle et la productivité
dans l'ensemble du pays, freinant aussi le développement de la société et des esprits. « Dès le
début de son règne, le nouvel empereur eut l'audace de s'attaquer aussi à la question paysanne » ;
« l'idée de l'émancipation des paysans occupa
l'empereur pendant les premières années de son
règne », mais « les changements étaient étudiés
précautionneusement et dans le silence », « dans
le secret vis-à-vis de la société » (à dire vrai, par
crainte d'une forte résistance de la noblesse). Et

---

1. Lavisse et Rambaud, *op. cit.*, t. 10, 1898, p. 160.

puis, « déjà difficiles en elles-mêmes, une à une, ces réformes constituaient, prises dans leur ensemble, une révolution qui dépassait peut-être les forces d'une génération ». L'empereur hésita devant les mises en garde de son entourage. Mais aussi, « une réforme trop retardée perd beaucoup des conditions de son succès ». Nicolas « avait attentivement cherché des gens capables d'accomplir cette œuvre importante », et il arrêta son choix sur le comte P. D. Kisséliov – « le meilleur administrateur de ce temps[1] ». Kisséliov (qui s'était entouré des collaborateurs les plus éclairés) se vit confier la gestion des paysans de l'État, dont le nombre se montait à 17-18 millions (pour 25 millions de serfs privés et une population globale de 52 millions) ; il reçut le droit de racheter les paysans à leurs propriétaires et aussi de les leur retirer pour cause de mauvais traitements, et se mit énergiquement à la besogne. Il s'ensuivit : l'interdiction de vendre les paysans au détail (1843), ainsi que d'autres lois destinées à alléger le sort de la paysannerie – possibilité de se racheter, d'acquérir des biens immeubles (1842, 1847). « L'ensemble de ces lois (...) devait changer du tout au tout l'idée qu'on se faisait des serfs » : « Le serf n'est pas la simple propriété d'une personne privée, mais avant tout le sujet d'un État »,

---

1. V. Klioutchevski, *Kours...*, *op. cit.*, pp. 272, 275, 460-461.

et « la liberté personnelle s'acquiert par le paysan gratuitement, sans rachat[1] ».

Mais non, la malédiction liée à notre servage, dont la noblesse avait si confortablement pris son parti dans les poétiques demeures de ses domaines fonciers, et dans lequel aussi avaient moralement pris racine des millions de paysans, devait peser sur la Russie pendant une quinzaine d'années encore.

Poursuivant les tentatives faites par Alexandre Iᵉʳ pour soutenir les Grecs insurgés contre les Turcs, Nicolas Iᵉʳ, en 1826, peu de temps après son avènement, adressa à la Turquie une note en forme d'ultimatum et conserva le même ton, nonobstant une guerre qui venait la même année de commencer avec la Perse ; il obtint (par la convention d'Akkerman, 1826) l'affermissement des droits russes pour l'avenir et du commerce russe dans les ports turcs, ainsi que des promesses à la Serbie (confirmation de notre « idée balkanique »... De nombreux échecs de Nicolas découlèrent de son irréflexion). Après que l'Angleterre et la France eurent coopéré avec la Russie en 1827 (bataille dans la rade de Navarin), celles-ci, à l'instar de l'Europe entière, prêtèrent l'oreille à la proclamation du sultan : « La Russie est l'ennemie éternelle et indomptable du mahométanisme, qui vise à détruire l'Empire Ottoman » (bien affaibli aussi en 1826 par la

---

1. *Ibid.*, pp. 273, 278-279.

liquidation du corps des janissaires). Et l'empereur de Russie eût été sage de s'en tenir là. Mais, sous des prétextes mineurs, et montant de plus en plus contre lui l'Europe par son affirmation des « intérêts russes » en Moldavie, Valachie et Serbie, Nicolas déclencha en 1828 la guerre contre la Turquie. Elle connut un grand succès sur le littoral caucasien (d'Anapa à Poti), en Transcaucasie (Akhaltsykhé, Kars, Erzeroum et presque jusqu'à Trébizonde, déjà en territoire turc originel), fut malheureuse toutefois dans les Balkans (les qualités de nos troupes à la parade surpassaient leurs qualités au combat : pas de fusils rayés du fait de la pauvreté de la Russie, de faibles capacités de reconnaissance, même si Moltke l'aîné, analysant cette guerre, loue énormément le soldat russe, si endurant). A la vérité, en 1829, nous avions déjà traversé la Bulgarie (où, à notre étonnement slave, nous rencontrâmes chez les Bulgares un accueil tout sauf amical), pris Andrinople (la Turquie était ébranlée), mais nos succès s'arrêtèrent là. Nous obtînmes l'indépendance de la Grèce et, pour la Serbie, un statut de vassale (de la Turquie) : une fois de plus des intérêts qui nous étaient étrangers ; pour la Russie – le libre passage de nos vaisseaux à travers le Bosphore. Dans cette guerre russo-turque (la sixième par le compte !), la Russie avait atteint ses plus grands succès extérieurs, mais il n'y avait r i e n de plus pour elle à obtenir.

Bien mieux : quatre ans après, Nicolas entreprit de s a u v e r la Turquie du pacha d'Égypte, révolté victorieux contre lui : la flotte russe fit force de voiles sur Constantinople pour tirer d'affaire le sultan. Beaux intérêts russes !...

Entre-temps, la guerre avec la Perse avait libéré l'Arménie.

Et la responsabilité de la Géorgie et de l'Arménie contraignit la Russie à une nouvelle et longue guerre (vingt années ! avec de grandes pertes) : la soumission du Caucase. Si la Russie s'était complètement abstenue de toucher à la Transcaucasie – région pour nous étrangère –, la soumission du Caucase n'aurait pas non plus été une nécessité : il suffisait d'entretenir dans les contreforts nord de la chaîne du Caucase une puissante ligne fortifiée de Cosaques pour se défendre contre les perpétuels raids de brigandage des montagnards, et c'était tout : le Caucase n'était point un État unifié, mais un ensemble divers de tribus aux parlers différents, et il ne présentait pas par lui-même, pour la Russie, de danger d'État à État, en particulier avec une Turquie affaiblie. (Il y eut d'ailleurs un moment où Nicolas était prêt à reconnaître l'État de Chamil, alors Chamil – une vraie tête de Caucasien ! – déclara qu'il irait jusqu'à Moscou et Pétersbourg.) Au XIXe siècle aussi, cependant, nous continuâmes à régler encore et toujours des factures qui n'étaient pas les nôtres... Jusqu'à la révolution, les dépenses pour l'entretien du Caucase et de la

Transcaucasie, dépassèrent les revenus qu'on en tirait : l'empire de Russie *payait* pour le bonheur d'avoir ces territoires. Où, notons-le, « nulle part il ne brisa les anciens usages » (Klioutchevski). C'est un problème similaire que posaient Khiva et Boukhara, qui, dès les années 1830-1840, ne cessaient d'attaquer les frontières méridionales de la Russie : deux États puissants, situés au fond des déserts, qui maintenaient en esclavage de nombreux prisonniers, dont les Russes capturés lors d'incursions de Turkmènes et de « Kirghizes » (Kazakhs) jusqu'aux abords de la Basse-Volga. Ces captifs étaient emmenés et vendus à Khiva et Boukhara sur les marchés aux esclaves[1]. Il fallait ou bien installer de solides lignes fortifiées défensives contre ces agressions, ou bien se lancer dans la conquête. (Et puis, n'est-ce pas, cette route des Indes dans le lointain ? mais alors, un conflit avec l'Angleterre ?) C'est en 1839-1840 que fut conduite par Pérovski la campagne de conquête, malheureuse, à travers mille verstes de désert.

En 1831, puis 1863, la Russie paya deux fois pour la marotte rêveuse et absurde d'Alexandre Iᵉʳ : être le « curateur » de la Pologne. A quel point ne fallait-il pas sentir l'époque, le siècle, pour tenir près l'Empire, dans un rôle subordonné, un peuple aussi développé, civilisé, intense que le peuple polonais ! (Les deux soulè-

---

1. Lavisse et Rambaud, *op. cit.*, t. 10, p. 963.

vements de la Pologne suscitèrent une grande sympathie en Europe occidentale et se traduisirent pour la Russie par une nouvelle vague d'hostilité et d'isolement.)

Des dizaines d'années durant, on vit se démener la diplomatie nesselrodienne de Nicolas : tantôt (1833) un accord avec l'Autriche et la Prusse sur la lutte contre le mouvement révolutionnaire ; tantôt (1833) une alliance défensive avec la Turquie visant à défendre celle-ci contre tout danger intérieur et extérieur (irritation des puissances occidentales, prolégomènes à la guerre de Crimée) ; tantôt (1840) un accord secret avec l'Angleterre : à l'égard de la Turquie, la Russie n'agira que sur mandat de l'Europe (pourquoi se ligoter par de pareilles obligations ?) ; tantôt (1841) la Russie refuse de garantir devant les puissances occidentales l'intégrité et l'indépendance de l'Empire Ottoman ; tantôt (1851) la Russie intervient ardemment dans la futile querelle de la priorité entre catholiques et orthodoxes dans les Lieux saints de Palestine, querelle aggravée par une brouille personnelle entre Nicolas et Napoléon III, laquelle dégénère rapidement en conflit politique embrassant toute l'Europe. – Nicolas s'était ouvert de ses plans à l'ambassadeur d'Angleterre : « La Russie est un homme malade » qui risque de mourir soudainement ; en cas de partage de la Turquie, que l'Angleterre s'adjuge l'Égypte et la Crète ; la Moldavie, la Valachie, la Serbie et la Bulgarie trouveraient leur indépendance sous la protection de l'Empire Russe, mais pas dans son sein, car il y aurait danger pour la Russie, immense comme elle est déjà, à s'agrandir encore davantage. (Cela, il le comprenait fort bien, mais les idées panorthodoxes et panslavistes le poussaient, pour sa perte, à s'agrandir sous une autre forme.) L'ambassadeur de Russie à Constantinople exigeait, lui, que fût résolue la question des Lieux saints et accordé à la Russie un protectorat sur toute la population orthodoxe de l'Empire Ottoman. Et lorsque l'ambassadeur d'Angleterre à Constantinople commença à régler astucieusement, à la satisfaction générale, la question des Lieux saints, l'ambassadeur de Russie exigea « dans un délai de cinq jours des garanties inviolables » concernant la défense des orthodoxes, et finit par quitter Constantinople en proférant des menaces.

Manifestement, le gouvernement russe ne comprenait pas que, du fait de l'élévation de la Russie au-dessus de l'Europe à l'issue de la victoire de 1814, l'Angleterre était devenue son ennemie pour un siècle. A présent, la Russie était bel et bien en train de dresser contre elle l'Europe entière. Pourtant, le libre passage à travers les Détroits nous avait été garanti par la Turquie dès 1829 – que demander de plus ? (Or, en cas de guerre européenne, n'importe qui serait capable de boucher les Dardanelles de l'extérieur.) Mais, depuis un demi siècle qu'elle avait accédé à la mer Noire, la Russie n'avait pas encore réussi à y construire une flotte puissante et moderne (au moins partiellement à hélice), elle n'y avait que des navires à voile. (Pour ne rien dire du fait que nous n'avions pas su, faute de le cultiver, mettre en valeur économiquement le littoral de la mer Noire. Mais c'était dans toute l'étendue de la Russie que réclamaient, que gémissaient des affaires intérieures embrouillées, non résolues ou non encore engagées.) Nicolas Ier n'avait pas conscience du degré d'arriération technique et tactique de notre armée : ni déploiement ni préparation à la guerre de tranchées, une cavalerie instruite pour les exercices de manège et non à mener des attaques. Et il n'avait tenu aucun compte de l'animosité qui excitait déjà à l'époque la société russe contre son administration (si bien que, pour la première fois, apparut, béant, le *désir de voir la défaite* de son propre gouvernement). Lui-même ne doutait pas du soutien de l'Autriche et de la Prusse. (En fait : l'Autriche était menacée d'être encerclée d'un troisième côté, par la Russie, cette fois ; l'Angleterre était supplémentairement alarmée par l'installation affirmée des Russes sur le Syr-Daria ; Napoléon III cherchait à manifester son personnage d'empereur fraîchement couronné ; en Turquie surgissait un élan patriotique soutenu par l'Égypte et la Tunisie ; et la Prusse s'était pratiquement ralliée aux exigences de la coalition.) Et Nicolas Ier fonce la tête la première dans le nœud coulant, – quelle hautaine présomption, tout de même ! Il rejeta plusieurs propositions de pourparlers. (Or il aurait dû, par l'exemple de 1790, avoir assimilé tous les dangers de cette configuration : l'ensemble des États européens contre la Russie.)

Le cours de la guerre est connu. Après une grande victoire navale russe sur les Turcs à Sinope, la flotte anglo-française pénètre dans la mer Noire. Nous n'essayons même pas de nous opposer au débarquement des alliés à Eupatoria (déjà prédit pourtant par la presse anglaise) et, avant encore le siège de Sébastopol (non fortifié du côté de la terre), ne mettons pas à profit notre supériorité, énorme en cavalerie et sensible en nombre de baïonnettes ; nous défilons en colonnes par bataillons sous le feu violent des fusils français. (Au reste, voici une appréciation française du Russe : «... un adversaire doué des plus rares vertus militaires, intrépide, tenace, incapable de découragement et dont l'énergie grandissait dans la lutte et s'exaltait à chaque échec[1]. ») La menace autrichienne force le commandement russe à évacuer toutes ses conquêtes dans les Balkans, ainsi que la Moldavie-Valachie. Sébastopol s'autofortifie (Totleben) et soutient onze mois de siège jusqu'en août 1855.

Mais, six mois auparavant, en février 1855, était mort (non sans une certaine note de mystère) Nicolas Ier. Un changement de règne marque un tournant dans la vie politique, une

---

1. Lavisse et Rambaud, *op. cit.*, t. 11, 1899, p. 208.

brusque relève des conseillers, et **Alexandre II**, après un combat absurde sur la rivière Noire (où nos pertes avaient été quatre fois plus nombreuses que celles de l'adversaire), se mit à céder aux émollients conseils de capitulation.

Notre passé historique le dit clairement : engager la guerre de Crimée avait été une présomptueuse folie. Mais, après deux années de guerre, une telle constance à Sébastopol et tant de pertes supportées, fallait-il se laisser amollir à ce point ? La garnison de Sébastopol avait occupé en bon ordre la rive septentrionale, puissamment fortifiée, de la baie du Nord (Sévernaïa) ; numériquement inférieure aux alliés, elle était redoutablement endurcie par sa longue résistance durant le siège. L'armée de Crimée ne manquait ni de munitions, ni de ravitaillement (chaque jour, le soldat percevait une livre de viande), elle n'avait pas été coupée du reste du territoire russe et pouvait soutenir une seconde campagne d'hiver. Il n'y avait pas de bonnes routes en Russie, mais cela n'en aurait rendu que plus difficile pour les alliés la tâche d'attaquer en l'absence de routes (avec des communications s'allongeant déjà sur quatre mille kilomètres). De plus, « pour ménager les susceptibilités nationales, il n'y eut jamais un commandement unique (...) ; [il y eut] trois armées [juxtaposées], trois états-majors distincts (...) qui conciliaient, comme des diplomates, chaque opération ». En outre, « les Anglais, habitués à beaucoup de confort, dépourvus d'esprit d'imitation et de belle humeur, n'étaient nullement préparés à ces rigueurs de climat. (...) La mortalité était énorme : sur 53 000 hommes envoyés d'Angleterre, il en restait 12 000 valides[1] » au printemps de 1855. L'Autriche, après que la Russie eut quitté les Balkans, ne menaçait plus d'intervenir ; d'ailleurs, de fortes armées russes de réserve stationnaient à la frontière autrichienne, au Caucase, au bord du golfe de Finlande (et la flotte de la Baltique avait victorieusement repoussé une attaque de la flotte alliée). Au printemps de 1856, les forces armées de la Russie se montaient à 1 900 000 hommes : plus importantes, donc, qu'au début de la guerre. Selon l'avis de Soloviov (auquel, justement, on avait interdit en 1851 de faire des cours publics d'histoire russe), il s'agissait d'« une paix terrible, comme n'en avaient pas conclu les souverains russes depuis la campagne du Pruth » (la paix honteuse signée par Pierre). Soloviov estime que « c'était le moment de déclarer que la guerre n'était pas terminée, mais ne faisait que commencer, – pour obliger les alliés à y mettre fin[2] ». La bataille pour la terre russe (si les alliés s'étaient alors révélés capables de progresser en profondeur) aurait pu renouveler chez les Russes l'esprit de 1812, et le courage aurait manqué aux alliés.

---

1. Lavisse et Rambaud, *op. cit.*, t. 11, pp. 207, 215.
2. *Rousski vestnik* (le Messager russe), mai 1896.

Cette paix hâtive (1856, aux termes de laquelle la Russie perdait le delta du Danube et le droit d'entretenir une flotte de guerre dans la mer Noire) fut un mauvais début de gouvernement pour Alexandre II, mais aussi la première victoire de l'opinion publique. (Les libéraux russes redoutaient les succès de l'arme russe : ne donneraient-ils pas au gouvernement encore plus de force et de confiance en soi ? Ils furent soulagés par la chute de Sébastopol.) Le tout, pris ensemble, apparut comme une préfiguration exacte et menaçante de 1904. (Par la suite, Alexandre déclara : « J'ai commis une lâcheté en recherchant alors la paix[1]. »)

En revanche, Alexandre II conduisit la réforme paysanne avec une énergie chez lui inhabituelle (étant donné sa « craintive méfiance »), en s'appuyant, contre la résistance de la noblesse, sur le caractère illimité de son autocratie. Depuis 1857 s'était mis au travail un comité secret pour les affaires paysannes, qui n'avait au début ni renseignements sur la situation concrète, ni plan : fallait-il affranchir avec ou sans terre ? A l'été de 1858 fut supprimée la redevance pour les paysans de la Couronne et des apanages*, lesquels obtenaient du même coup la liberté d'action économique (ils possédaient déjà la liberté personnelle). De nombreuses controverses surgirent au

---

1. Lavisse et Rambaud, t. 5 de l'éd. soviétique (*Istoria XIX veka...*, Moscou, 1938), p. 227, note d'E. Tarlé.

sein des commissions de rédaction de la réforme pour décider à qui irait la terre et s'il convenait de conserver la commune* paysanne ; on travaillait dans le vague – Alexandre finit par exiger que le manifeste soit prêt pour le sixième anniversaire de son accession au trône. Et le pas décisif fut franchi (1861), mais avec d'incontestables erreurs ; comme le détermina trente années plus tard Klioutchevski, « se f[ire]nt jour d'autres principes de vie. Ces principes, nous les connaissons, (...) mais nous n'en connaissons pas les conséquences[1] ». Et, de fait, t o u t e s les conséquences ne se sont fait sentir qu'au XXe siècle.

Les paysans ne conservaient plus en propriété personnelle que la maison de chaque « feu » avec ses dépendances (apparition du spectre de la collectivisation stalinienne ?...). La terre, elle, était en partie laissée aux propriétaires nobles, du fait de leur opposition, en partie remise aux communes (en vertu de la foi slavophile qu'on avait en elles...). La dotation des paysans en terre (diverse selon les régions) était à la fois insuffisante et onéreuse : les paysans devaient payer pour racheter la terre « noble » (chose qui, justement, n'arriva pas à entrer dans leur champ de conscience). Ils n'avaient où prendre cet argent : jusqu'alors ils payaient pour tout soit par leur labeur, soit par ses produits. En

---

1. V. Klioutchevski, *Kours...*, *op. cit.*, t. 5, pp. 283-290, 390.

outre, par endroits, les paiements fixés dépassaient sensiblement le rapport de la terre et étaient au-dessus de leurs forces. Alors, pour le paiement des rachats, le gouvernement accordait aux paysans un *prêt* (les quatre cinquièmes de la somme nécessaire) étalé sur quarante-neuf ans, mais à 6 % toutefois, et ces intérêts se cumulaient, les années passant, et s'ajoutaient aux impôts. (Et ce furent seulement les événements du début du XXᵉ siècle qui interrompirent le cumul de ces dettes et le compte de ces quarante-neuf années.) Par endroits étaient encore conservés pour un temps les obligations des paysans, invités à s'en acquitter en travail. En beaucoup de lieux, du fait de l'*affranchissement*, les paysans avaient perdu le droit de forêt et de pâture. Le manifeste du 19 février/3 mars (1861) octroyait la liberté personnelle, mais la possession de la terre et de ses fruits était plus importante pour le paysan que sa liberté personnelle. Le manifeste répandit ainsi un malentendu parmi les paysans, des troubles éclatèrent çà et là, on attendait maintenant un *autre* manifeste, plus généreux. (Cependant, par comparaison, des historiens occidentaux donnent le commentaire suivant : « Malgré toutes les restrictions, la réforme russe est encore infiniment plus généreuse que la réforme similaire dans les pays voisins, la Prusse et l'Autriche, où l'on avait donné aux serfs une liberté "toute nue", sans la moindre parcelle de terre[1]. »)

Du fait de la structure en communes, la réforme, au fond, laissait même les paysans privés d'une complète liberté personnelle, et toute leur classe sociale isolée des autres classes (tribunaux et textes de loi n'étaient pas communs). On introduisit pour un temps l'institution des *arbitres de paix*, pris parmi les nobles locaux, pour aider pratiquement à mettre en œuvre la réforme, mais cela ne suffisait pas : la réforme n'avait pas encore créé une seule instance importante d'administration et d'assistance susceptible, pendant pas mal d'années encore, d'aider les paysans à prendre le difficile tournant psychologique causé par le changement total de leur mode d'existence et à s'habituer à la nouvelle forme prise par celui-ci. Non seulement le paysan abasourdi était précipité dans le *marché*, mais il avait encore pieds et poings liés par les communes. C'est aussi sur la paysannerie que continuait à peser le fardeau principal des impôts d'État, et elle ne savait pas où prendre l'argent, si bien que le paysan retombait entre les mains des peu scrupuleux racheteurs de terre et usuriers. – Ce n'est pas pour rien que Dostoïevski parle avec inquiétude de l'époque qui a suivi la réforme : « Nous vivons l'instant le plus transitoire et le plus fatal, peut-être, de toute l'histoire du peuple russe. » (Aujourd'hui, nous

---

1. Lavisse et Rambaud, *op. cit.*, t. 11, 1899, p. 498.

serions encore mieux fondés à y ajouter l'époque
actuelle.) Il écrivait : « La réforme de 1861 exigeait la plus grande prudence. Or le peuple s'est
vu regarder de haut tant par les couches élevées
de la société que par les cabaretiers. » De plus :
« Les sombres côtés des mœurs du régime précédent – esclavage, désunion, cynisme, corruption –
se sont aggravés. Et des bons côtés moraux de
l'existence d'antan, il n'est rien resté. »

Fortement sous-estimé, profondément sincère, Gleb Ouspenski, observateur attentif de
l'existence paysanne d'après la réforme, nous présente le même tableau (*la Puissance de la terre, le
Paysan et le travail paysan*, années 1880). Son idée
est la suivante : après 1861, « on n'accorde plus
d'attention aux masses », « il n'existe plus d'organisation de la vie paysanne », et les mœurs des
rapaces se sont si bien implantées au village qu'il
est peut-être trop tard pour y porter remède.
Quant à l'injustice bureaucratico-administrative,
elle non plus n'a pas disparu, d'elle-même elle fait
pression sur le paysan (cf. le chapitre criant sur
« Les liens de l'injustice »). Ouspenski cite un
long passage de Herzen sur la force que lui, Herzen, ne se risque pas à exprimer au moyen de
mots. Ouspenski prend ce risque : c'est la *puissance de la terre*, c'est elle qui a insufflé à notre
peuple patience, douceur, puissance et jeunesse ;
enlevez-la au peuple, et c'en est fait de lui, c'en est
fait de sa philosophie du monde, il sera en proie
au vide spirituel. Il n'a enduré deux cents ans de

joug tatare, trois cents ans de servage, que parce qu'il a conservé son type d'agriculture. C'est la puissance de la terre qui a maintenu le paysan dans l'obéissance, développé en lui une stricte discipline familiale et sociale, l'a préservé de pseudo-doctrines délétères, c'est la puissance despotique de la terre-mère qui "aime" le moujik, a allégé son labeur, devenu grâce à elle l'intérêt de toute son existence. « Mais cette force mystérieuse et merveilleuse n'a pas préservé le peuple, livré au rouble qui frappe. » (Et même, par honnêteté intellectuelle, en dépit de sa conscience démocratique-révolutionnaire et de son engagement partisan, Gleb Ouspenski ne peut s'empêcher de reconnaître : au temps du servage, notre paysannerie était placée dans une relation à la *terre* plus correcte qu'aujourd'hui. Les paysans-serfs des propriétaires avaient deux fois plus de terre qu'aujourd'hui ; le propriétaire devait soutenir tout ce qui, de ses paysans, faisait des agriculteurs. Même le service militaire était plus équitable : on prenait d'abord ceux qui appartenaient à des familles nombreuses ; ils avaient été précédés par tous les incapables et les ivrognes, si bien qu'il n'y avait pas au village de prolétariat empêchant le moujik d'être agriculteur. L'ancien système économique était plus juste aussi sous le rapport des impôts : le riche payait toujours plus que le pauvre. « Nos ancêtres connaissaient leur peuple, ils lui voulaient du bien et lui donnèrent le christianisme, le meilleur à quoi était parvenue l'humanité dans des siècles de souffrance. Tandis qu'à présent nous fouillons dans une espèce de bric à brac national et européen, dans des fosses à ordures. » De même, « l'école paroissiale, l'école du peuple, était fondée sur un principe : transformer un cœur égoïste en un cœur ouvert à toute souffrance. On insistait sur l'éducation du cœur : enseignement dynamique qui ne visait pas l'intérêt, la connaissance inutile, mais prêchait la sévérité à l'égard de soi-même et de ses proches ».

Mais, à ce moment, retentit le coup de tonnerre de l'époque : *le rouble frappe !* on considère *l'avantage*, et seulement l'avantage ! Et notre patriarcale paysannerie – atteinte en outre par toutes les injustices de la réforme – ne supporte pas ce changement brutal. Nombre d'écrivains de l'époque qui a suivi les réformes nous ont laissé des descriptions : oppression de l'âme, désarroi, ivrognerie, turbulence maligne, non-respect des anciens. (Le 16 janvier 1908, cinquante membres de la Douma* d'Empire, tous paysans, déclarèrent : « Qu'on emporte la vodka dans les villes, si elles en ont tant besoin, mais, dans les villages, elle causera la perte définitive de notre jeunesse. ») A tout cela s'ajoutaient l'état d'abaissement du clergé orthodoxe, la chute de la foi orthodoxe. (Qui s'était conservée chez les vieux-croyants ! voilà comment nous aurions pu être, s'il n'y avait pas eu la réforme de Nikon ; lisons dans *Gens d'Église* de Leskov quelles formes sauvages revêtait en plein XIXᵉ siècle la lutte contre les vieux-croyants.) Toutes ces caractéristiques se fondirent organiquement en 1905 et 1917 pour donner l'émeute et l'esprit révolutionnaire.

Vers la fin du XIXe siècle, la population paysanne, dans son travail, se laisse aller. Les forêts accessibles se dépeuplent et c'est du fumier mélangé à de la paille qui va servir de combustible, pour le plus grand dommage de l'agriculture. (Les historiens notent qu'à cette époque, dans notre pays, on consacre autrement moins de moyens à l'enseignement agricole qu'à l'étude du grec et du latin.) On avait aboli la capitation en 1883, mais pour relever les impôts perçus par les zemstvos*. Le début du XXe siècle voit décliner l'activité générale dans la Russie centrale (partout l'araire, et les herses fréquemment de bois, et le vannage à la pelle, et l'assolement triannuel que comprime la contrainte des imbrications de parcelles, et les produits du travail cédés à vil prix à des acheteurs-revendeurs et autres intermédiaires, de plus en plus d'exploitations sans même un cheval, et l'amoncellement des arriérés d'impôts). Ce fut en ces années qu'apparut le terme inquiétant de « dépérissement du Centre ». (Le même terme est également appliqué avec une grande exactitude, mais avec un autre contenu, par S. F. Platonov à la période qui précéda les Troubles au début du XVIIe siècle...) La réforme agraire inachevée d'Alexandre rendit nécessaire la réforme de Stolypine, qui sera accueillie par la résistance conjointe des droites, des Cadets*, des socialistes et des mauvais travailleurs des campagnes ; puis recouverte, encore et toujours, par la révolution...

Perdurant jusqu'après les réformes, la dangereuse coupure entre les classes sociales en Russie se traduisait aussi par l'insuffisance de la réforme judiciaire. Pour les paysans (lorsque les deux parties sont des paysans) subsista le tribunal cantonal d'instance, fonctionnant selon les habitudes de la campagne ; au-dessus, les juges de paix pour les causes civiles et les petits délits de droit commun ; puis, rendu célèbre par la réforme et entièrement emprunté à l'expérience occidentale, le procès contradictoire avec juges inamovibles, corporation autonome d'avocats, jurés. – La justice des jurés est finalement une acquisition douteuse, car elle diminue le professionnalisme du tribunal (en contradiction avec la valeur que l'on accorde aujourd'hui à tout professionnalisme) et conduit parfois à une incompétence paradoxale (on peut puiser aussi dans la justice anglaise, passablement décrépite). Dans la Russie d'après les réformes, au milieu de l'ivresse générale que suscitait au sein de la société les discours des avocats (que la presse publiait non censurés), elle s'accompagnait d'arguments et se concluait par des décisions parfois tragicomiques (chose mise en lumière avec éclat par Dostoïevski : « Brillante institution, le barreau, mais, Dieu sait pourquoi, triste aussi », – pour ne pas rappeler l'acquittement, de sinistre augure, de la terroriste Véra Zassoulitch, une écharpe d'aurore rose pour la révolution si avidement désirée). De ces discours d'avocats est née et a grandi la tradition commode qui consiste à rejeter les responsabilités du criminel sur la « maudite réalité de la Russie ».

La réforme des zemstvos, promulguée par Alexandre II, fut plus féconde : la commission permanente du zemstvo, dotée de larges compétences exécutives, par ses possibilités dépassait même, par exemple, l'auto-administration locale en France[1]. Elle ne parvint pourtant pas jusqu'à l'étage inférieur de l'auto-administration du peuple – le zemstvo de canton (ce qui sera douloureusement ressenti au XXe siècle et pendant la Grande Guerre). Les élections des députés paysans aux zemstvos de district se déroulaient sous l'influence des fonctionnaires locaux. (Dostoïevski, sur ce point : « Notre peuple est livré à ses propres forces, personne pour le soutenir. Il y a bien le zemstvo, mais il est "l'autorité". Le peuple élit ses députés en présence d'un certain "membre", l'autorité en tout cas, et ces élections se transforment en histoire drôle. ») En outre, chichement dotés par l'État, les zemstvos augmentaient les impôts perçus à leur profit, excitant ainsi la paysannerie contre eux-mêmes, ressentis comme autant de parasites supplémentaires.

---

1. Lavisse et Rambaud, *op. cit.*, t. 11, p. 505.

Alexandre III s'efforça d'imaginer le maillon administratif oublié par les réformes de son père et institua les chefs ruraux (1889), « pouvoir fort et proche du peuple » : ils auraient dû être ces curateurs de la vie rurale (malheureusement très tard venus) qui eussent rendu plus aisé pour les paysans le passage si difficile de l'ancienne tradition à la nouvelle, et introduit de l'ordre dans leur activité et leurs initiatives. Mais, puisés dans la réserve que constituaient les nobles sans occupation (pouvait-on puiser ailleurs ?), ces chefs ruraux, souvent totalement indifférents à leur tâche et venant, de surcroît, trente ans après une réforme inachevée, ne furent souvent qu'une nouvelle couche de pouvoir qui s'appesantit sur le paysan (ainsi les tribunaux paysans élus furent-ils dissous : le chef rural rendit seul la justice). – Et Alexandre III commit (en 1883) une sérieuse erreur en abolissant l'article du Manifeste de 1861 qui donnait le droit de sortir du *mir** à ceux des paysans qui avaient fini de racheter leur terre : au nom de cette idole qui hypnotisait toute la Russie, depuis le tsar jusqu'aux révolutionnaires de « Liberté du Peuple », on coupait la voie du développement à la partie la plus énergique, la plus saine et la plus efficace de la paysannerie.

En succédant à Nesselrode, qui avait embrouillé durant quarante ans notre politique étrangère, Gortchakov commença par déclarer avec beaucoup de réalisme, en 1856, que la Russie devait concentrer son attention sur elle-même afin de « rassembler ses forces ». Un principe que nous aurions dû comprendre et appliquer depuis longtemps. Mais il ne se passa même pas un an avant que la Russie ne replonge dans les jeux diplomatiques européens. Subitement (en 1857), **Alexandre II** remplaça par une chaude amitié avec Napoléon III l'hostilité guerrière encore humide de sang. Par une démarche de Gortcha-kov (en 1859), la Russie empêcha la Confédération germanique d'intervenir en faveur de l'Autriche dans la guerre d'Italie ; tandis que la France aidait la Russie à déloger l'Autriche des positions qu'elle avait conquises en Moldavie-Valachie (régions qui s'unirent bientôt pour former la Roumanie) et à renforcer l'infuence russe – si importante pour nous ? – dans les Balkans. Cependant, l'insurrection polonaise (1863) fit que la France se tourna à nouveau contre la Russie : avec l'Angleterre et l'Autriche (reconstituant ainsi la coalition de la guerre de Crimée ?), elle prit la défense des insurgés, et on revit planer la menace d'une guerre. Là-dessus, la Prusse se déclara notre amie et, s'étant assuré de la sorte la neutralité bienveillante de la Russie, Bismarck frappa coup sur coup, arrachant au Danemark le Schleswig-Holstein (1864) et infligeant à l'Autriche une défaite retentissante (1866), après quoi la Russie, que ce renforcement de la Prusse n'effrayait toujours pas, lui permit, par sa neutralité amicale en 1870-71, d'écraser la France. (Un service que Bismarck devait lui payer bientôt par une fourberie, puisqu'il se joignit en 1878 au bloc des Européens pour priver la Russie du fruit de ses victoires sur la Turquie.) Ainsi la politique extérieure de la Russie resta-t-elle, sous Alexandre II, myope et perdante. Nous trouvons sous la plume de Dostoïevski, en 1874 (*L'Adolescent*, chapitre 3), l'exclamation suivante : « Voici déjà près d'un siècle que la Russie ne vit absolument pas pour elle, mais seulement pour l'Europe ! » (En fait, à l'époque, cela faisait déjà plus d'un siècle et demi.) Mieux encore : en 1863, la Russie ne manqua pas l'occasion de soutenir, au moyen de sa flotte, le Nord des États-Unis contre le Sud. Qu'avions-nous à faire si loin ? (tirer simplement vengeance de l'Angleterre ?)

Deux malheureuses idées n'ont cessé de tourmenter et de solliciter tous nos gouvernants les uns après les autres : aider et sauver les chrétiens de Transcaucasie, aider et sauver les orthodoxes des Balkans. On peut certes reconnaître l'élévation de ces principes moraux, mais pas au point quand même de perdre tout sens de l'État et d'oublier les besoins de son propre peuple, chrétien lui aussi. Avant de vouloir libérer Bulgares, Serbes et Monténégrins, nous aurions mieux fait de penser aux Biélorusses et aux Ukrainiens : en faisant peser sur eux notre lourde main, nous les empêchions de se développer culturellement et spirituellement selon leur tradition propre, nous cherchions à « abolir » une différence apparue entre le XIIIᵉ et le XVIIᵉ siècle et sans doute déjà irréductible. – Ce n'est quand même pas sans fondement que l'on accuse nos hautes sphères gouvernantes et pensantes de messianisme et de foi en une vocation exceptionnelle de la Russie. Malgré son incomparable perspicacité, Dostoïevski lui-même n'a pas échappé à cette emprise : on trouve chez lui le rêve de Constantinople, et « la paix venue de l'Orient vaincra l'Occident » ; cela va même jusqu'au mépris de l'Europe, jusqu'à des phrases qui depuis longtemps déjà font honte à lire. Et je ne parle pas du malheureux panslavisme et du rêve de Constantinople développés par N. Ia. Danilevski dans son livre (intéressant en soi sous beaucoup d'aspects) *La Russie et l'Europe*, un ouvrage qui passa presque inaperçu à sa parution (en 1869), mais eut une grande résonance dans la société russe à partir de 1888.

Étant donné la lassitude de notre peuple, lassitude qui allait grandissant depuis plus de deux siècles, étant donné le désordre de notre vie économique et sociale, et « le dépérissement du Centre », et la croissance menaçante d'un arbitraire bureaucratique qui, tout en étant incapable d'une vraie efficacité, écrasait l'initiative populaire (on écrivait : « La personnalité russe elle-même s'est racornie, les natures hardies et douées de larges aptitudes se raréfient », et, de fait, en trouve-t-on beaucoup dans la littérature russe du XIXᵉ siècle ?) – étant donné tout cela, guerroyer en permanence pour les chrétiens des

Balkans était un crime contre le peuple russe. Ce n'était pas à nous de défendre les chrétiens des Balkans contre le pangermanisme ; au reste, toute annexion par l'Autriche d'un nouveau peuple slave ne faisait qu'affaiblir cet empire hétéroclite et sa position face à la Russie.

L'un de ces conflits pour les Balkans fut l'éprouvante guerre de 1877-78 contre la Turquie. La Russie s'y précipita tête baissée sans s'être souciée de s'assurer des alliances ou de solides bienveillances, sans attendre que s'élèvent les molles protestations des puissances européennes contre les atrocités turques (tel fut en effet le jeu de Disraeli et la manière dont Bismarck souffla sur le feu). Du point de vue militaire, la guerre fut sensationnelle, avec des succès qui impressionnèrent toute l'Europe, comme le franchissement de la chaîne des Balkans en plein hiver (et avec une masse de victimes et des souffrances sans nombre pour les soldats). Exceptionnel aussi fut l'élan patriotique dans lequel on vit la société russe (intoxiquée elle aussi par le panslavisme) rejoindre un pouvoir auquel elle était déjà pourtant résolument hostile. Mais, cette fois encore, l'offensive russe ne devait pas être poursuivie jusqu'à Constantinople : elle fut délibérément stoppée. Par la paix de San Stefano, on crut obtenir pour les Balkans tout ce qu'on désirait : l'indépendance de la Serbie et du Monténégro (sur un territoire agrandi), celle de la Roumanie, l'extension de la Bulgarie, l'auto-administration de la

Bosnie-Herzégovine, une amélioration du sort de tous les autres chrétiens demeurant sous domination turque. Triomphe ? Le rêve séculaire était réalisé ? – Non : voici que l'Angleterre nous menaçait directement d'une guerre (avec sa flotte aux îles du Prince), et l'Autriche d'une mobilisation, voici que toutes les puissances européennes exigeaient maintenant une conférence afin d'enlever à la Russie ce qu'elle avait acquis et de prendre leur part du gâteau. Ce qui fut fait. Au Congrès de Berlin, l'Angleterre se fit attribuer Chypre en don gracieux, l'Autriche reçut le droit d'occuper la Bosnie-Herzégovine, la Bulgarie fut à nouveau dépecée et la Serbie et le Monténégro rognés, tandis que la Russie récupérait uniquement la Bessarabie qu'elle avait perdue à l'issue de la guerre de Crimée. (Gortchakov manifesta durant tout le congrès une faiblesse de caractère indigne ; Disraeli fut au contraire accueilli triomphalement à son retour en Angleterre.)

Une guerre ainsi « gagnée » en vaut une perdue, et il nous aurait coûté moins cher de ne pas l'entreprendre. La puissance militaire et financière de la Russie en sortit dégradée, l'opinion publique accablée, – et c'est précisément là que prit naissance la vague d'esprit révolutionnaire et de terrorisme qui devait mener bientôt à l'assassinat d'Alexandre II.

Dans la longue théorie de nos empereurs, **Alexandre III,** qui ne souffrait pas de la maladie d'indécision de son père, fut peut-être le premier, depuis un siècle et demi, à bien comprendre qu'il était funeste pour la Russie de servir les intérêts des autres et de s'emparer de nouveaux territoires, à comprendre que l'essentiel de notre attention devait être tourné vers la santé intérieure du pays (« Le devoir de la Russie est de se soucier avant tout d'elle-même », lit-on dans le manifeste du 16 mars 1881). Alors qu'il avait commandé une armée dans le conflit avec la Turquie, il ne fit plus aucune guerre quand il eut accédé au trône (on le vit seulement parachever – en prenant pacifiquement la ville de Merv – les conquêtes de son père en Asie Centrale, près de la frontière afghane, ce qui faillit du reste provoquer un conflit avec l'Angleterre). Mais c'est précisément durant ce règne sans guerres que le poids de la Russie en politique extérieure s'accrut considérablement. Alexandre III avala l'amertume de l'« ingratitude » bulgare lorsque la couche instruite de ce pays, totalement indifférente aux énormes sacrifices consentis par la Russie durant la guerre qui venait de se terminer, se libéra en toute hâte de l'influence et de l'immixtion russes. Il avala aussi l'amertume de la trahison de Bismarck et accepta (en 1881) un très équilibré et raisonnable « accord de garanties mutuelles » avec l'Allemagne : si Guillaume ne l'avait pas rompu quelques années plus tard, cet accord aurait exclu la possibilité d'une guerre entre la Russie et l'Allemagne au début du XXe siècle. Quand il eut été dénoncé, la seule chose qui resta à faire à Alexandre III fut de poursuivre son rapprochement avec la France, après avoir laissé prudemment passer quelque temps. En politique intérieure, le succès des terroristes de « Liberté du Peuple » interdisait déjà par lui-même à Alexandre III d'accepter quelques concessions que ce fût, car elles eussent fait figure de capitulation. Pour ce caractère inflexible, l'assassinat de son père, le 1er/13 mars, condamnait la Russie à de fermes mesures conservatrices pour les années à venir, jusques et y compris le « décret sur le renforcement de la sécurité » (1882). Le Conseil des ministres qu'il eut bientôt constitué demeura presque inchangé tout au long de son règne, mais, pour ménager l'argent de l'État, des charges de Cour superflues furent supprimées, et totalement abolie la vice-royauté du Caucase. Les impôts frappant les paysans furent réduits, des délais accordés pour le remboursement des sommes avancées par l'État lors du rachat des terres ; enfin, l'exportation qui commençait fit monter le prix du blé, ce qui avantagea aussi les paysans. Comme je l'ai déjà dit, Alexandre III introduisit les chefs ruraux (avec un résultat ambigu), mais il affaiblit le rôle des paysans dans les zemstvos (grave erreur) et y renforça le contrôle de l'État. Or les années passaient, l'état du pays se stabilisait et il aurait sans doute fallu, au lieu de s'en tenir à des mesures de blocage, proposer un plan de développement actif dans de multiples domaines – par exemple cette mesure pour laquelle le pays était mûr depuis longtemps : étendre le droit commun à la paysannerie. Mais ni le tsar lui-même, ni ses conseillers les plus proches ne proposèrent un projet de ce genre, ce qui prouve qu'ils ne sentaient pas le rythme irrépressible de leur siècle. – Dans l'Église orthodoxe non plus, cette Église qui n'a cessé de s'affaiblir tout au long de la période pétersbourgeoise, Alexandre III n'a pas su voir un inquiétant état de nécrose, il n'a pas donné l'impulsion qui aurait revivifié cet organisme et n'a pas offert d'aide aux prêtres de campagne humiliés par leur condition misérable : il a laissé l'Église – et, avec elle, la religion du peuple – dans un état de crise grave, même si tout le monde n'en était pas alors conscient. – Quant aux musulmans, « ils ont continué à jouir de la même tolérance... La Russie était sûre de ses sujets musulmans du Caucase[1] ». (Ce que confirmeront admirablement, pendant la Première Guerre mondiale, les régiments d'élite composés de volontaires caucasiens, la « division indigène ».)

Cependant, le règne d'Alexandre III fut beaucoup plus court que tous les autres, tragiquement interrompu alors que le souverain était en pleine force de l'âge et en pleine possession de ses moyens, et on ne saurait dire comment il se serait conduit dans les années de crise aiguë qui attendaient la Russie, ni même s'il les aurait laissées

---

1. Lavisse et Rambaud, *op. cit.*, t. 12, 1901, p. 791.

venir. (Selon l'expression de L. Tikhomirov, Nicolas II « a purement et simplement commencé dès le premier jour, sans même le soupçonner, à tout démolir de fond en comble, à démanteler toutes les bases de l'œuvre de son père[1] »).

A la fin du XIXe siècle, la Russie avait atteint le volume territorial qu'elle visait ou, comme on le disait alors, son volume « naturel » (pour une immense plaine ouverte à tous vents) : dans de nombreuses directions elle s'étendait jusqu'à des frontières géographiques fixées par la nature elle-même. Mais c'était un empire étrange. Dans tous les autres empires connus à l'époque, les métropoles s'engraissaient aux dépens de leurs colonies et nulle part l'ordre institué ne donnait aux habitants d'une colonie plus de droits et de prérogatives qu'à ceux de la métropole. En Russie, pourtant, c'était exactement l'inverse. Sans parler de la Pologne, qui jouissait d'une constitution et d'un régime de vie sensiblement plus libéraux (cela ne lui adoucissait pas, malgré tout, l'assujettissement), on ne peut pas ne pas signaler les très larges privilèges accordés à la Finlande. Depuis Alexandre Ier, les Finnois possédaient des droits plus étendus que sous l'ancienne administration suédoise ; à la fin du XIXe siècle, le revenu national du pays se trouvait multiplié par six ou sept, la Finlande avait atteint une prospérité qui s'expliquait en grande partie par le fait qu'elle ne parti-

---

1. *Krasny arkhiv* (Archives rouges), t. 74, p. 175.

cipait pas dans une juste proportion aux dépenses communes de l'Empire. De même, le pourcentage de recrues levées en Finlande était trois fois moindre qu'en Russie centrale, si bien que « dans une Europe armée jusqu'aux dents, la Finlande faisait moins pour sa défense que la Suisse » (sous Nicolas II, elle fut purement et simplement dispensée de fournir des soldats, et la Première Guerre mondiale ne pesa pas sur elle). Ajoutons encore ceci : « Alors que les Finlandais pullulaient dans les hautes administrations russes, dans les hauts grades de l'armée et de la marine russes, il était défendu aux Russes d'occuper des fonctions en Finlande ou d'y acquérir un immeuble sans se faire naturaliser Finlandais (...) ; à quelques kilomètres de leur capitale, les Russes devaient passer par les douanes finlandaises (...), s'expliquer avec des fonctionnaires qui ne voulaient pas savoir le russe[1] » : pourquoi donc gardait-on la Finlande dans l'Empire ? (Cette étonnante exterritorialité, jointe à la proximité de Pétersbourg, fit de la Finlande le refuge et la base fixe de tous les révolutionnaires que compta la Russie, jusqu'aux lanceurs de bombes du parti S.-R. et aux bolchéviks de Lénine ; cela contribua beaucoup non seulement au développement du terrorisme et des mouvements clandestins dans le pays, mais au déclenchement des révolutions de 1905 et 1917.) – Bien que sous une

---

1. Lavisse et Rambaud, *op. cit.*, t. 12, p. 413.

forme moins frappante, les nations occupant les marches asiatiques de l'Empire recevaient elles aussi du Centre une énorme aide financière, toutes coûtaient plus cher à l'État qu'elles ne lui rapportaient. Beaucoup d'entre elles (les « Kirghizes » d'alors, c'est-à-dire les Kazakhs, et les habitants de l'Asie centrale) étaient en outre dispensées du service militaire, sans pour autant payer d'impôt spécial. (La propagande révolutionnaire fera mousser avec jubilation le soulèvement des provinces de Tourgaï et de Sémirétchensk en 1916 : il a pourtant éclaté – en pleine guerre mondiale ! – à la suite d'une simple tentative de mobilisation *pour le travail*.) Mais, en déviant ainsi artificiellement vers la périphérie des moyens qui appartenaient au Centre, on aggravait le dépérissement de celui-ci. La population qui avait créé la Russie et qui la maintenait ne cessait de s'affaiblir. Aucun pays européen ne nous offre un phénomène semblable. Après avoir montré tout ce qui avait été fait en Russie pour les nationalités indigènes, D. I. Mendéléïev indiquait (dans *Connaître la Russie*) que l'heure était venue de s'occuper plus sérieusement de la nation russe. Mais quand bien même cet appel eût été entendu dans les sphères gouvernementales, l'Histoire ne nous laissait plus le temps d'y répondre.

Une particularité complète le tableau : le grand nombre d'industriels étrangers présents en Russie (ainsi les Anglais dans les mines d'or de la Léna, les Belges dans la sidérurgie du Sud, le syndicat étranger du platine, Nobel exploitant le pétrole de Bakou et les Français le sel de Crimée, les Norvégiens dans les pêcheries de la côte mourmane, les Japonais au Kamtchatka et dans l'estuaire de l'Amour, et on pourrait continuer encore et encore ; à Pétersbourg même, les deux tiers des propriétaires d'usines sont des étrangers et leurs noms, par lesquels on désigne les entreprises, emplissent à ras bords la chronique révolutionnaire de l'année 1917). Et dans la *Description géographique de notre pays* de Sémionov-Tian-Chanski, les listes dressées district par district des propriétaires terriens payant le cens électoral fourmillent de noms étrangers.

L'afflux d'industriels et de capitalistes étrangers s'explique en particulier par le fait qu'au début du XXe siècle – on ne peut pas ne pas en rester sidéré ! – la Russie ne possédait toujours pas un système strict d'impôt sur le revenu : sur des profits énormes, on payait des sommes sans proportion avec ce qui se pratiquait en Europe. Situation avantageuse à la fois pour la classe riche autochtone et pour les étrangers, qui faisaient sortir du pays des revenus fort peu écornés. Pour la Russie, cependant, cela se traduisait par un très grave manque à gagner : ce pays aux richesses incomparables sollicitait sans cesse des emprunts étrangers (qu'il se voyait assez souvent refuser démonstrativement) ; à partir de 1888, la Russie s'endetta systématiquement auprès de la France, et cela plaça sa politique extérieure dans une dépendance qui joua son rôle dans les fatals événements de l'été 1914.

C'est sous le règne du doux **Nicolas II**, si mal assuré durant les premières années qu'il passa sur le trône, que la Russie franchit dans son expansion – ce qui était inadmissible moralement et même d'un simple point de vue pratique – les immenses limites déjà atteintes. Après avoir entrepris en Extrême-Orient, en 1895, une action conjointe avec les nations européennes, le gouvernement russe ne sut pas s'interdire (en 1900) l'acte honteux que constitua l'envoi d'un corps d'armée russe à Pékin pour participer à l'écrasement de l'insurrection chinoise : la Chine se trouvait dans un état d'extrême faiblesse, de désagrégation, et depuis des dizaines et des dizaines d'années, toutes les puissances rapaces en profitaient à qui mieux mieux. En 1898, la Russie avait déjà contraint la Chine à lui céder à bail Port-Arthur et Talien-wan, tandis que la concession obtenue (en 1896) pour la construction d'une ligne de chemin de fer traversant la Mandchourie ouvrait largement cette région à l'influence russe. Et bien que le protocole russo-japonais de 1898 reconnût l'indépendance de la Corée, des conseillers de Nicolas II, qui n'étaient pas sans chercher là quelque profit, le convainquirent qu'au fur et à mesure que le Japon pénétrait en Corée par le Sud, la Russie devait y pénétrer par le Nord. Là, les intérêts russes et japonais se heurtèrent à mort ; restait encore une voie de compromis :

accepter la proposition japonaise selon laquelle la Russie se contenterait d'exercer son influence dans le Nord de la Mandchourie ; mais l'ennemi semblait trop peu sérieux, nos faciles conquêtes précédentes nous avaient trop gonflés d'arrogance, et Nicolas II ne sentait pas tous les points vulnérables de son pays, un pays pas encore stabilisé, pas encore assez développé, où l'hostilité opposant le gouvernement à la société et la présence d'un mouvement révolutionnaire étaient loin de constituer les seules faiblesses de l'État à l'intérieur comme à l'extérieur. Et ce fut la guerre contre le Japon, déjà promise au désastre par une première raison : le Transsibérien était alors seulement en cours d'achèvement ; d'autre part, comme la Russie continuait de disputer les Balkans à l'Autriche, elle ne pouvait pas retirer de la frontière occidentale ses meilleures troupes et envoyait en Extrême-Orient des corps d'armée de seconde zone et des troupes de réserve. En 1904, tandis qu'au Japon, non seulement les étudiants, mais même les adolescents cherchaient à se faire enrôler dans l'armée, les étudiants de Saint-Pétersbourg adressaient au mikado des télégrammes où ils lui souhaitaient la victoire... La société russe était pénétrée d'une *soif de défaite* dans cette guerre lointaine, impopulaire et même inexplicable : elle comptait à juste titre que la défaite lui apporterait un succès politique, et le contrecoup fut en effet plus violent encore que celui de la guerre de Crimée. A l'automne 1905, durant les jours les plus chauds de la révolution, se termina la première moitié du règne de Nicolas II, et en ces onze ans il avait laissé échapper presque tout son pouvoir. Cette fois, pourtant, Stolypine le lui rendit. (Onze ans plus tard, il n'y aura plus personne pour le faire.)

En politique extérieure, les faux pas continuèrent. Guillaume II, qui jouait de manière appuyée, théâtrale même, le rôle d'ami de cœur de Nicolas II (il avait « béni » son entreprise guerrière en Extrême-Orient et l'avait du reste aidé par une neutralité bienveillante), lui proposa non sans malice, à leur rencontre de Björkö au cours de l'été 1905, de signer *à deux* un pacte tripartite d'amitié avec la France : celle-ci « s'y joindrait plus tard ». Et Nicolas signa (à l'insu du Conseil des ministres, et pour reprendre ensuite sa signature). Bien entendu, c'était là en grande partie un jeu destiné à reléguer la France au second plan ; bien entendu, l'Allemagne avait déjà imposé à la Russie, en 1904, un traité commercial léonin et il était difficile de la considérer comme notre amie. Cependant, une alliance solide *à la fois* avec la Prusse et avec la France était le système éprouvé de Pierre le Grand ; et, en fait, la pointe du pacte de Björkö était dirigée contre l'Angleterre, pays constamment mal disposé envers la Russie depuis quatre-vingt-dix ans, qui cherchait toujours et partout à lui nuire et y réussissait souvent à merveille, et qui venait enfin d'être, pendant le conflit, l'allié du Japon. Guillaume, prévoyant une guerre impitoyable entre son pays et l'Angleterre, cherchait à éviter de se battre contre la Russie – ce qui aurait permis que la sanglante boucherie de 1914, due à notre voisinage et à l'énorme volume de chacune des deux armées, nous fût épargnée (et épargnée aussi, par voie de conséquence, la révolution de 1917) ! Il paraît impossible, inexplicable que Nicolas II ait malgré tout préféré s'allier à un pays qui haïssait la Russie et avait déjà eu avec elle, en tant d'endroits différents, tant de conflits d'intérêts. Tel fut pourtant son choix : l'alliance anglo-russe de 1907, à partir de laquelle l'Entente finit de se constituer, – et on eut ainsi la fatale répartition des forces de la Première Guerre mondiale.

Bientôt (en 1908) l'Autriche répondit en annexant la Bosnie-Herzégovine, et Guillaume exigea ensuite de surcroît, sous forme d'ultimatum, que la Russie s'humilie à *reconnaître* la légalité de ce coup de force. Il est vrai que cette annexion avait été prédéterminée par le Congrès de Berlin (1878) ; mais en 1909, en Russie, elle fut douloureusement ressentie aussi bien par la société que par le gouvernement : notre fatale passion panslaviste n'était pas loin de nous appeler à une guerre immédiate (impossible avec Stolypine au pouvoir, mais qui aurait été extrêmement avantageuse pour l'Angleterre).

Et, bien entendu, notre ardent panslavisme nous interdit de tolérer le grossier ultimatum de l'Autriche à la Serbie en 1914 (Allemands et Autrichiens l'avaient bien calculé ainsi). Et si on nous attaqua sur le terrain avec tant de hardiesse, c'est qu'on avait cessé, depuis 1904, de respecter la puissance militaire russe. Et nos troupes lancées hâtivement, sans préparation, en Prusse Orientale furent sacrifiées au salut de Paris.

Jusqu'ici, nous avons passé en revue trois cents ans d'histoire russe d'un unique point de vue : celui des possibilités de développement intérieur négligées et du gaspillage impitoyable des forces du peuple pour des objectifs extérieurs inutiles à la Russie ; on se souciait plus des « intérêts » européens que de son propre peuple.

Et pourtant, en dépit de tout cela, on est en même temps frappé par la richesse de l'énergie populaire, sans même parler du Pomorié ou du Don, mais en prenant aussi bien pour exemple la Sibérie. (La « conquête de la Sibérie » est la généralisation erronée d'un épisode concernant la Sibérie occidentale : celui de la lutte de Iermak contre Koutchoum, un descendant de Gengis Khan qui s'était assujetti par la force les Tatars de Tobolsk et avait même effectué en 1573, avant l'arrivée de Iermak, un raid dans la région de Solikamsk. Les affrontements militaires sérieux ne sont pas nombreux dans la Sibérie du XVIIe siècle, que l'on prenne pour point de comparaison l'histoire antérieure de ce continent, avec le déferlement des conquérants mongols et turcs, ou l'extermination féroce des Mayas, des Indiens d'Amérique du Nord, des Patagons, des Tasmaniens ; au contraire, l'arrivée des Russes mit fin aux nombreuses querelles qui opposaient les Iakoutes, les Bouriates, les Tchouktches aux Ioukaguirs, etc. : chez les Iakoutes, le temps d'avant les Russes s'appelle « l'époque des batailles sanglantes[1] » ; mieux encore : les Russes ne détruisirent pas l'organisation interne des peuples aborigènes ; les seuls heurts importants eurent lieu avec les Mandchous et les Mongols, qui arrêtèrent notre progression sur le cours supérieur de l'Amour.) Au cours du XVIIe siècle, un petit nombre de Russes entreprenants colonisèrent l'immense continent sibérien jusqu'à la mer d'Okhotsk, l'estuaire de la Iana, celui de l'Indiguirka et le détroit de Behring (de Déjniov), et ils introduisirent le labourage dans des espaces qui (à l'exception de certains secteurs très limités) ne l'avaient jamais connu ; à la fin du siècle, la Sibérie tout entière produisait déjà le seigle qu'elle consommait. Les terres labourées montaient au Nord jusqu'à Pélym, Narym, Iakoutsk, et au début du XVIIIe siècle il y en avait même au Kamtchatka ; et partout les peuples autochtones échangeaient avec les Russes leur expérience de l'économie domestique et de la chasse. En 1701, la Sibérie *dans son ensemble* comptait 25 000

---

1. *Istoria Sibiri s drevneïchikh vrémion do nachikh dneï* (Histoire de la Sibérie depuis les temps les plus reculés jusqu'à nos jours), Leningrad, éd. « Naouka », t. II, 1968, p. 99.

familles russes, une pour 400 km², et certains villages de la partie orientale du continent n'étaient constitués que par un ou deux feux. (Le recensement de 1719 indique pour la Sibérie 72 000 aborigènes ; Russes : 169 000[1], alors que dans les années 80 ils seront plus d'un million.) Et, malgré une population aussi clairsemée (faite de migrants volontaires, de paysans en fuite qu'on ne rapatriait pas au-delà de l'Oural, et aussi de migrants forcés), la Sibérie du xviiie siècle nous étonne en montrant ce que peut donner, quand on le dirige vers des tâches intérieures et non vers le dehors, l'effort pacifique du peuple : on voit le gigantesque essor du labeur russe, de l'artisanat, d'une production usinière et métallurgique déjà importante, du commerce russe enfin – à travers toute la Sibérie, depuis l'Oural jusqu'à Kiakhta, jusqu'à la presqu'île des Tchouktches, les îles Aléoutiennes et l'Alaska (en 1787 fut fondée par un certain Chélikhov, membre de la classe des petits-bourgeois, une « Compagnie américaine de production et de commerce »)[2]. Dès le xviiie siècle on vit fonctionner en Sibérie des écoles de géodésie, de navigation, de fonderie, de médecine, on vit s'ouvrir bibliothèques et imprimeries ; une minutieuse cartographie des rivages de l'océan Glacial et de l'océan Pacifique fut établie[3].

---

1. *Ibid.*, p. 55.
2. *Ibid.*, pp. 181-282.
3. *Ibid.*, pp. 323-331, 343-353.

Il y avait dans le peuple une telle richesse
d'énergie qu'un demi-siècle après la chute du servage, la Russie entra dans une période de fou-
gueux développement de l'industrie (5ᵉ rang dans
le monde pour la production industrielle) et de la
construction ferroviaire, tandis qu'elle devenait
un très gros exportateur de céréales et de beurre
(sibérien). L'activité économique privée y était
totalement libre (le fameux « marché » que nous
essayons tellement de recréer aujourd'hui ou
d'emprunter aux autres), libre le choix des occu-
pations et du lieu de résidence (la zone assignée
aux Juifs faisait exception, mais elle était en voie
d'abrogation). L'important appareil bureaucratique n'était fermé ni par des barrières nationales
(nous voyons à des postes en vue des représentants d'un très grand nombre de nationalités), ni
par des barrières sociales (l'aide-mécanicien de
locomotive Khilkov, le paysan Roukhlov, le chef
de gare Witte, l'avocat-adjoint Krivochéine
devinrent ministres, et les généraux Alexeïev,
Kornilov se hissèrent jusqu'aux sommets de la
hiérarchie militaire en partant du bas de
l'échelle). D'après le témoignage du dernier
Secrétaire de l'État russe, S. Ié. Kryjanovski, le
pays était très démocratique du point de vue de
l'ascension des individus : ce n'étaient pas des
hommes de haute extraction qui constituaient la
partie supérieure du corps des fonctionnaires ; et
le ministre des Voies de communication Krieger-
Voïnovski atteste de son côté qu'au début du XXᵉ

siècle, le cloisonnement de la société avait disparu, si l'on met de côté la situation particulière de la paysannerie : « les droits de chacun étaient déterminés par son instruction, sa place dans la hiérarchie du service public et la nature de son travail[1] ». L'indépendance de la justice, la publicité des débats, la stricte légalité de l'instruction étaient acquises depuis les années 60 du XIXᵉ siècle, de même que l'absence de censure préalable pour la presse, et depuis 1906 la Russie possédait un vrai parlement et un système multipartite (ce système auquel on aspire aujourd'hui comme au dernier cri du progrès). Notons aussi que le peuple avait à sa disposition la médecine des zemstvos, gratuite et de qualité. Une assurance ouvrière avait été créée. La Russie connaissait la croissance démographique la plus forte d'Europe. Et elle était à l'une des premières places pour l'enseignement supérieur féminin.

Tout cela s'est écroulé à partir de 1917 et le tableau qu'on en fait dans le monde est jusqu'à présent extrêmement déformé.

Mais même durant cette courte période heureuse, entre 1906 et 1913, des esprits perspicaces voyaient l'État de plus en plus gravement malade, le fossé séparant la société du pouvoir, et la décadence de la conscience nationale russe. Lev Tikhomirov, qui avait été l'un des militants les plus

---

1. Fonds d'archives de la « Bibliothèque* russe de mémoires ».

en vue du mouvement « Liberté du Peuple »
avant de devenir théoricien de l'État et de se
convertir au patriotisme, écrivait dans son journal intime des années 1909-1910 : « Impossible
de rien faire dans la Russie contemporaine, on ne
peut rien trouver à faire. Nous allons apparemment vers une nouvelle révolution, et elle semble
inévitable... Toutes les mesures, même particu-
lières, que prend le pouvoir semblent choisies
pour conduire à la révolution » ; « la Russie me
plonge dans la plus grande perplexité. Je monte la
garde sur mes bastions sans baisser pavillon, je
tire des coups de canon... mais l'armée de mon
pays s'éloigne, s'éloigne de plus en plus et – selon
la raison humaine – il est impensable de rien en
attendre... ». Sur la jeunesse : « Ce ne sont plus
nos descendants, c'est quelque chose de nouveau. » « Le peuple russe !... Il a perdu aujour-
d'hui son âme d'antan, ses sentiments d'antan[1] »,
– ici Tikhomirov avait en vue une perte de la
conscience orthodoxe et nationale, « un abâtar-
dissement intellectuel et moral de la nation en
général[2] ».

Tikhomirov cernait bien l'essence spirituelle
de la crise. D'une façon inattendue, la question de
la conscience nationale russe se trouvait soudain,
en 1909, au centre des discussions de la presse
libérale. « A l'heure où des nationalités dépour-

---

1. *Krasny arkhiv*, t. 74, pp. 165-177.
2. *Ibid.*, t. 38.

vues de puissance politique se sont mises à la recherche de leur identité, les Russes ont ressenti eux aussi la nécessité de se définir eux-mêmes. » On voit « dans la presse progressiste russe quelque chose qui était impossible il y a encore peu de temps : un débat sur la question du nationalisme grand-russe », « première manifestation de la conscience qui s'éveille chez les peuples, comme le fait chez les individus l'instinct de conservation, au moment où le danger les menace ». – « Ce n'est pas rien non plus que de voir déshonoré le mot "russe", transformé en "authentiquement russe". » – « Pas plus que nous ne devons nous employer à russifier des gens qui ne désirent pas devenir russes, nous ne devons, de notre côté, chercher à nous fondre dans l'Empire, à nous noyer dans notre État multinational en nous dépersonnalisant » (P. B. Struve). – « La tentative de russification générale de notre pays... ne s'est pas seulement révélée désastreuse pour tous les vivants traits nationaux des peuples dépourvus de puissance politique, elle l'a été avant tout pour le peuple grand-russe... Le peuple grand-russe ne peut tirer profit que d'un développement intensif en profondeur, qui lui conserve une circulation du sang normale. » Durant les années écoulées, la société russe « a ressenti comme honteux non seulement une mauvaise politique d'hostilité aux nationalités, mais même le nationalisme authentique, sans lequel il est pourtant impensable qu'une nation soit créatrice.

Tout peuple doit avoir son visage ». – « Comme il y a trois cents ans, l'Histoire nous lance un défi, elle exige qu'en de terribles jours d'épreuve » nous disions « si nous avons droit, en tant que peuple distinct, à une existence indépendante[1] ».

Cependant, cette discussion, instructive pour nous aussi et qui se lit aujourd'hui comme si elle se déroulait sous nos yeux, ne put avoir de développement fécond dans le court laps de temps qui restait jusqu'à la Grande Guerre. L'époque dynamique laissait derrière elle la lente Russie. Il n'y eut pas dans la société de renaissance de la conscience nationale russe. Ce que V. V. Rozanov exprima ainsi (en 1911) : « Mon âme pleure : où sont donc passés tous les Russes ?... Je pleure affreusement après les Russes, car je pense que notre nation elle-même est en train de disparaître, que la tendance générale est à piétiner tout ce qui est russe[2]. »

Ainsi avait-on vu arrêter par une résolution dilatoire du tsar les tentatives faites aux environs de 1905 par l'ensemble des orthodoxes éclairés pour obtenir, par l'intermédiaire d'un Conseil préconciliaire, la réunion d'un Concile* local et l'élection d'un patriarche. L'Église orthodoxe russe vivait dans l'immobilité les dernières années que lui laissait l'Histoire. Et le juste reproche adressé par Berdiaïev à l'intelligentsia

---

1. Journal *Slovo* (la Parole), 9-25 mars 1909.
2. *Novy mir* (Monde nouveau), 1991, 3, p. 227.

démocrate et socialiste (« Vous avez haï l'Église et l'avez persécutée. Vous pensiez qu'un peuple peut exister sans bases spirituelles, sans le sens du sacré, que les intérêts matériels et l'instruction suffisent[1] »), ce reproche pèse tout aussi lourd, à l'autre bout, sur les somnolentes sphères gouvernementales. La révolution de 1917 a surpris l'Église orthodoxe en état d'impréparation et de complet désarroi. C'est seulement quelques années plus tard, sous les furieuses persécutions bolchéviques, que des émeutes populaires éclatèrent pour défendre les églises (1918) et que des dizaines de milliers de serviteurs du culte partirent pour le Goulag et la mort avec la fermeté des premiers chrétiens. (Mais le calcul des bolchéviks était sans faille : cela faisait matériellement *autant d'hommes en moins* pour la résistance vivante.)

Durant la Grande Guerre, la lassitude du peuple a fini par s'exprimer : une lassitude déposée en lui, sans jamais pouvoir s'évacuer, par toutes les guerres précédentes, et celles d'avant, et celles d'avant encore, pour lesquelles il n'avait pas eu de rétribution ; et à cette lassitude s'ajoutait une défiance à l'égard de la classe dirigeante qui s'était elle aussi accumulée génération après génération. Tout cela se réveilla chez les soldats, sur deux mille verstes de front, quand parvint jus-

---

1. N. A. Berdiaïev, *Filosofia néravenstva* (la Philosophie de l'inégalité), Paris, Ymca-Press, 1923, p. 20.

qu'à eux la nouvelle du coup d'État de Pétrograd, celle de l'abdication subite et facile du tsar, et bientôt celle des slogans si alléchants lancés par les bolchéviks.

A partir de 1917, nous avons recommencé à payer, et fort cher, toutes les erreurs de notre histoire passée.

J'ai déjà suffisamment exposé dans *la Roue rouge* toute la préhistoire de la révolution de Février, son déroulement, ses conséquences impitoyables, et je n'y reviendrai pas ici. Le coup d'État bolchévique a été l'aboutissement logique et inévitable de Février.

Mais comme les interventions tantôt désintéressées et tantôt absurdes de la Russie dans les affaires européennes ont été copieusement évoquées dans le début de la présente étude, une brève appréciation du rôle des Alliés dans la guerre civile russe a ici sa place. Tant que l'Allemagne continua à résister, les Alliés se lancèrent naturellement dans des entreprises : ainsi cherchèrent-ils à extraire du pays le corps d'armée tchécoslovaque* en lui faisant traverser la Sibérie, afin de pouvoir l'utiliser contre l'Allemagne ; ainsi débarquèrent-ils à Arkhanghelsk et Mourmansk pour empêcher les Allemands de le faire eux-mêmes. Mais, la guerre finie, ils perdirent tout intérêt pour les Blancs, ces généraux russes qui avaient pourtant été leurs alliés directs et personnels. On vit dans le Nord les Anglais jeter à la mer fournitures et approvisionnements de réserve, dans le seul but de ne pas les laisser aux Blancs. Les gouvernements blancs ne furent pas reconnus (celui de Wrangel ne le fut que *de facto* et durant le temps où il put améliorer le sort de la Pologne), alors que toute nation qui se détachait de la Russie était aussitôt reconnue (et Lloyd George prétendait qu'elle le fût aussi par Koltchak). En échange de leurs fournitures militaires, les Alliés réclamaient des matières premières, des céréales, de l'or, la confirmation que les dettes russes seraient payées. Les Français (rappelons-nous Paris sauvé en 1914 par le sacrifice des armées russes en Prusse) entendaient que le général Krasnov remboursât toutes les pertes subies par les entreprises françaises en Russie « par suite d'un défaut d'ordre dans le pays », et qu'il compensât le manque à gagner depuis 1914 en l'augmentant d'intérêts ; en avril 1920, les Alliés envoyèrent un ultimatum à Dénikine et Wrangel : ils devaient cesser le combat, « Lénine ayant promis une amnistie » ; les Français se payèrent de leur aide lors de l'évacuation de la Crimée en s'emparant de navires de guerre et de commerce russes et, pour prix de leur nourriture, ils enlevèrent aux soldats de Wrangel évacués sur Gallipoli leur équipement militaire et jusqu'à leur linge d'uniforme. – La défaite de la Russie provoquée par les bolchéviks était fort avantageuse pour les Alliés : elle leur évitait d'avoir à partager les fruits de la victoire. Telle est la langue *réaliste* des relations internationales.

Avec son sens du droit et sa conscience nationale peu développés, ce qui était chez lui un défaut ancien, et vu l'affaiblissement récent – il s'était produit au cours des décennies précédentes – de ses assises religieuses, notre peuple tomba entre les mains des grands escrocs bolchéviques comme une pâte expérimentale qu'il leur fut facile de couler dans leurs moules.

Ces internationalistes à principes commencèrent par brader sans compter les territoires et les richesses de la Russie. Durant les pourparlers de Brest-Litovsk, ils se montrèrent prêts à céder n'importe quel volume de terres russes si cela pouvait leur permettre de se maintenir au pouvoir. – On trouve dans le journal du diplomate William Bullitt le prix encore plus élevé que Lénine proposait en 1919 à la délégation américaine : le gouvernement soviétique était prêt à renoncer à la Biélorussie occcidentale, à la moitié de l'Ukraine, à tout le Caucase, à la Crimée, à tout l'Oural, à la Sibérie et à Mourmansk : « Lénine proposait de ne garder sous le gouvernement communiste que Moscou et un petit territoire attenant, plus la ville actuellement connue sous le nom de Leningrad[1]. » (Tous ceux qu'enthousiasme jusqu'à présent la manière dont les bolchéviks ont « recréé une Grande Puissance » feraient bien de méditer cela.) – Si Lénine pani-

---

1. Cité d'après la revue *Vrémia i my* (le Temps et nous), n° 116, p. 216.

quait ainsi, c'est qu'il craignait une campagne militaire contre son groupe factieux, campagne qui eût été bien naturelle de la part de l'Entente pour défendre son alliée la Russie. Mais il se convainquit bientôt que rien de semblable ne le menaçait, et quand il céda de la terre russe, ce ne fut pas dans de telles proportions. En février 1920, il abandonne à l'Estonie, en échange de la première reconnaissance internationale du gouvernement soviétique – la rupture de l'isolement –, la population russe des alentours d'Ivangorod et de Narva, ainsi que deux espèces de machins « sacrés » : Pétchory et Izborsk ; et peu de temps après, c'est à la Lettonie qu'il cède une abondante population russe. – Durant l'hiver 1920-1921, alors qu'il relève pourtant lui-même à peine de la guerre civile dans un pays ruiné, le gouvernement soviétique recherche, pour des raisons de politique internationale, l'amitié de la Turquie (qui occupe en décembre 1920 presque toute l'Arménie) : il entreprend de l'aider abondamment en lui fournissant des armes de toutes sortes et en lui accordant une « aide financière sans contrepartie » de 13 millions de roubles-or (on en ajoutera encore 3 millions et demi en 1922)[1].

---

1. *Dokoumenty vnechneï politiki SSSR* (Documents de politique étrangère de l'U.R.S.S.), Moscou, 1959, III, p. 675.

On pourrait multiplier encore et encore les exemples. Quant à la dilapidation directe, par la bande bolchévique, des trésors du fonds de diamants de la Russie et de tout ce qu'ils avaient pu voler dans les biens de l'État, du tsar et des particuliers, il semble que nul n'en ait tenu compte ; rares sont les mémoires qui montrent ces scélérats et ces filous puisant les bijoux à pleines poignées, sans compter, dans la chambre forte du Kremlin, pour financer la prochaine opération du Komintern à l'étranger. (On vendait en secret, pour la même raison, les trésors des musées nationaux.) – Et sans doute pourrait-on écrire tout un livre sur la rapacité avec laquelle furent proposées à droite et à gauche des *concessions* sur le territoire de la Russie : des pourparlers engagés avec Vanderlip prévoyaient de lui céder pour 50 ans (!) des gisements pétrolifères, des mines de charbon et un droit de pêche dans la Province Maritime et celle du Kamtchatka[1] ; au fameux « antisoviétique » Leslie Unkart on voulait attribuer en concession à long terme ses anciennes entreprises d'extraction de métaux non ferreux et de charbon (Kychtym, Ridder, Ekibastouz)[2] ; à des Anglais, pour 25 ans (jusqu'en 1945 !...), le droit d'extraire du pétrole à Bakou et Grozny ; à Armand Hammer, blanc-bec débutant dans le monde des affaires, les mines d'amiante

1. *Ibid.*, pp. 664-665, 676-681.
2. *Ibid.*, t. IV, p. 774.

d'Alapaïev (amitié et cordial échange de services devaient se poursuivre avec ce dernier jusqu'à sa mort, c'est-à-dire jusque sous Gorbatchov). – Si tous ces projets ne furent pas réalisés, c'est que le pouvoir de la bande à Lénine donnait encore aux Occidentaux l'impression d'être mal assuré.

Aujourd'hui, nombreux sont ceux qui voient enfin dans toute sa laideur et son ignominie l'histoire de la domination communiste en URSS, ces soixante-dix ans que tant de bardes ont chantés et qui ont brisé le développement organique de la vie du peuple. Au fur et à mesure que les archives s'ouvriront (si elles le font, car beaucoup ont été détruites avec diligence), des volumes et des volumes seront écrits sur cette période, et ce n'est pas le lieu ici de la passer en revue. Nous nous bornerons à émettre des jugements et des considérations d'ordre très général.

Toutes les pertes subies par notre peuple au cours des trois cents ans évoqués jusqu'ici, depuis les Troubles du XVIIᵉ siècle, sont sans commune mesure avec les dommages et la déchéance qu'il doit à soixante-dix ans de communisme.

D'abord et avant tout, il y a eu destruction physique des personnes. Selon les calculs indirects de différents statisticiens, la guerre permanente menée par le gouvernement soviétique contre son propre peuple a coûté à la population de l'URSS au minimum 45 à 50 millions de personnes. (Le professeur I. A. Kourganov est arrivé au chiffre de 66 millions.) Et le processus présentait en outre cette particularité qu'au lieu de faucher simplement les gens au fur et à mesure que l'occasion s'en présentait, ou bien secteur par secteur, on opérait partout *un choix* en prélevant ceux que quelque chose détachait de la masse : protestation, résistance, pensée critique ou simplement talent, autorité sur l'entourage. Cette *sélection à l'envers* privait donc la population de ce qu'elle avait de meilleur, moralement ou intellectuellement. Et le niveau moyen de ce qui restait baissait irrémédiablement, le peuple dans son ensemble s'abâtardissait. A la fin de l'époque stalinienne, on ne reconnaissait plus en lui celui qui avait vécu la révolution : il avait d'autres visages, d'autres mœurs, d'autres coutumes et d'autres idées.

Et comment ne pas appeler également destruction physique de son propre peuple la jonchée de cadavres de l'Armée rouge répandue sans pitié, sans pensée, sans calcul, sur la route des victoires de Staline dans la guerre soviéto-allemande ? (Le « déminage » effectué par les pieds de l'infanterie qu'on poussait devant soi n'est pas encore l'exemple le plus éclatant.) Après les « sept millions de pertes » reconnus par Staline et les « vingt millions » avoués par Khrouchtchov, la vérité a été enfin publiée de nos jours par la presse russe : trente et un millions. Un chiffre qui vous laisse muet : le cinquième de la population ! Quel peuple a jamais laissé tant de monde dans une guerre ? Notre « Victoire » de 1945 s'est matérialisée dans un renforcement de la dictature stalinienne – et dans une complète désertification des campagnes. Le pays gisait comme mort, et les millions de femmes seules qu'il comptait étaient impuissantes à continuer la vie du peuple.

Cependant, l'extermination physique ne représente pas encore la plus haute réalisation du pouvoir soviétique. Tous ceux qu'elle épargnait ont été irradiés, durant des décennies et des décennies, par une propagande abêtissante et corruptrice de l'âme, et on exigeait de chaque individu des signes de soumission constamment renouvelés. (L'intelligentsia docile devant en outre tisser cette propagande dans le détail.) Cette mise en condition tonitruante et triomphante faisait encore et encore descendre le niveau moral et intellectuel du peuple. (Il a fallu une éducation comme celle-là pour produire les vieillards ou gens d'âge mûr qu'on entend aujourd'hui évoquer comme une ère de bonheur et de prospérité l'époque où ils donnaient leur travail en échange d'un salaire misérable, mais recevaient la veille du 7 novembre une livre de biscuits entourée d'une faveur.)

Mais en politique extérieure, pardon ! Là, les communistes n'ont répété aucune des erreurs, aucun des faux pas commis par la diplomatie des tsars et que nous avons signalés en grand nombre dans cet essai. Les dirigeants communistes ont toujours su exactement ce qu'il leur fallait, et chacun de leurs actes a toujours été dirigé exclusivement vers un but utilitaire : jamais ils n'ont fait quoi que ce soit par générosité ou de façon désintéressée ; et ils calculaient d'avance chaque opération avec tout ce qu'ils avaient en eux de cynisme, de cruauté et de perspicacité dans l'évaluation des adversaires. Pour la première fois dans le cours déjà long de l'histoire russe, la diplomatie fut inventive, rebelle aux concessions, accrocheuse, dénuée de toute vergogne, – et elle ne cessa de dominer et de battre la diplomatie occidentale. (Avalés, cette fois, les Balkans, en entier et sans grand effort ; les communistes s'emparèrent de la moitié de l'Europe ; ils pénétrèrent sans rencontrer de résistance en Amérique centrale, en Afrique australe, en Asie du Sud.) Et elle se présentait sous un plumage idéologique si avenant, cette diplomatie soviétique, qu'elle éveillait dans l'*opinion progressiste* occidentale une sympathie enthousiaste, si bien que les diplomates de ces pays baissaient le nez en poussant avec peine leurs arguments. (Remarquons cependant que la diplomatie soviétique, elle non plus, ne servait pas les intérêts de son peuple : elle servait des intérêts qui lui étaient étrangers, ceux de la « révolution mondiale ».)

Et ces brillants succès contribuaient encore à embrumer la tête affaiblie des gens en l'imprégnant de *patriotisme soviétique*, invention nouvelle et a-nationale (dans laquelle furent élevés les

adeptes et zélateurs de la Grande Union Soviétique qui, vieillis, nous entourent actuellement).

Nous ne referons pas ici le bilan, maintenant
bien connu, des « succès économiques » de
l'URSS : économie inerte, production de mar-
chandises de mauvaise qualité et ne répondant à
aucune demande, pollution dévastatrice d'immenses espaces et pillage des ressources naturelles.

Mais il faut voir aussi que, lorsqu'il pompait
les sucs vitaux de la population, le système soviétique ne le faisait pas de manière égale. Un ferme
principe hérité de la pensée léninienne exigeait
(et on l'appliquait) que la pression la plus lourde
s'exerçât sur les grosses républiques, celles qui
étaient fortes, c'est-à-dire les républiques slaves,
et en particulier sur « ces ordures de Grands-Rus-
siens » (l'expression est de Lénine) ; c'étaient elles
qui devaient fournir l'essentiel des contributions,
tandis que l'on s'appuierait, dans les premiers
temps, sur les minorités nationales : autres républiques fédérées et républiques autonomes. Il
n'est plus nouveau aujourd'hui de dire – la chose
a déjà été imprimée plusieurs fois – que l'essentiel
du poids du système économique soviétique était
supporté par la R.S.F.S.R.*, que son budget
subissait des ponctions disproportionnées et
qu'on y investissait moins que partout ailleurs,
alors que ses paysans vendaient le produit de leur
travail vingt fois moins cher que, disons, les Géor-
giens (pommes de terre contre oranges). Miner le

peuple russe et le vider de ses forces, tel était bien l'un des objectifs avoués de Lénine. Et Staline continua d'appliquer cette politique, même après son toast* sentimental bien connu « au peuple russe ».

A l'époque de Brejnev (qui vit le régime se maintenir comme un parasite en vendant à l'étranger du pétrole brut – jusqu'à usure totale des installations), de nouvelles mesures effrayantes et irréparables vinrent aggraver le « dépérissement du Centre » et ruiner la Russie centrale : la « fermeture » par milliers de « villages sans avenir » (et donc l'abandon de tant de champs, de prés, de ressources diverses), dernier coup de massue asséné à ce qui subsistait encore de la campagne russe, mutilation qui défigura notre terre. Et le terrible « détournement* des fleuves russes », ultime délire d'un Comité central atteint de démence sénile, se serait abattu sur le pays pour l'achever si, à la dernière extrémité et au dernier moment, un petit groupe courageux d'écrivains et de savants russes ne l'avait, Dieu merci, arrêté.

La « sélection à l'envers » pratiquée méthodiquement et d'un œil d'aigle par les communistes dans toutes les couches de la société dès les premières semaines de leur installation au pouvoir, dès les premiers jours de la Tchéka, privait à l'avance de toute force une possible résistance populaire. Cette résistance parvint encore à se manifester au cours des premières années –

insurrection de Kronstadt, accompagnée de grèves du prolétariat de Pétrograd, insurrections de Tambov, de Sibérie occidentale et autres soulèvements paysans –, mais tous ces mouvements furent noyés dans une surabondance de sang si dissuasive que jamais ils ne reparurent. Et lorsque de petites bulles crevèrent tout de même (telle la grève des tisserands d'Ivanovo en 1930), non seulement le monde n'en sut rien, mais le territoire soviétique lui-même les ignora, tout fut étouffé hermétiquement. C'est seulement pendant la guerre soviéto-allemande que les sentiments réels du peuple à l'égard du pouvoir arrivèrent à se faire jour – mais avec quelle évidence ils se manifestèrent ! Ces prisonniers qui se rendirent sans peine au nombre de plus de trois millions durant le seul été 1941, ces caravanes entières de civils qui, en 1943-44, suivirent volontairement dans leur retraite les armées allemandes comme si ç'avait été celles de leur pays... Durant les premiers mois de la guerre, le pouvoir soviétique aurait pu s'effondrer, nous délivrer de sa présence, si la stupidité raciste et l'arrogance des hitlériens n'avaient montré à notre peuple recru de souffrances qu'il n'avait rien à attendre de l'invasion allemande : c'est uniquement à cela que Staline doit d'être resté en place. Quant aux tentatives de formation de détachements de volontaires russes combattant aux côtés des Allemands et aux efforts déployés pour créer l'armée Vlassov, j'en ai déjà parlé dans *l'Archipel*. Fait caractéristique : même durant *les tout derniers mois* (ceux de l'hiver 1944-45), alors que tout le monde voyait qu'Hitler avait perdu la guerre, les Russes qui se trouvaient alors à l'étranger s'inscrivirent par dizaines et dizaines de milliers pour s'enrôler dans l'Armée russe de Libération ! C'était cela, la voix du peuple russe. Et bien que non seulement les idéologues bolchéviques (aidés par la timide pseudo-intelligentsia soviétique), mais aussi l'Occident (incapable d'imaginer que les Russes aient pu avoir leur objectif propre et vouloir se libérer) aient couvert de crachats l'histoire de cette armée, ce sera là tout de même une page courageuse et digne d'intérêt qui entrera dans l'Histoire russe – à la durée et à l'avenir de laquelle nous croyons, même aujourd'hui. (On reproche au général Vlassov de ne pas avoir reculé, dans la poursuite de ses objectifs russes, devant une alliance de façade avec l'ennemi extérieur. Mais nous avons vu Élisabeth conclure une alliance du même type avec la Suède et la France pour renverser Biron et sa clique : l'ennemi était trop dangereux et solidement enraciné.) – La période post-stalinienne connut encore de brèves explosions de résistance populaire russe : à Mourom, Alexandrov, Krasnodar et surtout Novotcherkassk, mais la technique inégalée des bolchéviks pour étouffer ces affaires fit que le monde resta des dizaines d'années sans rien en savoir.

Après toutes les pertes sanglantes de la guerre soviéto-allemande, après le nouvel essor de la dictature stalinienne, après l'épaisse vague d'emprisonnements destinée à mettre à part tous ceux qui, pendant le conflit, avaient été d'une manière ou d'une autre en contact avec la population de l'Europe, et enfin avec l'introduction de la féroce législation kolkhozienne d'après-guerre (pour n'avoir pas exécuté la norme de travail : l'exil intérieur) – ne pouvait-on croire arrivées la fin du peuple russe et celle des autres peuples qui avaient partagé avec lui l'histoire soviétique ?

Non. Ce n'était pas encore la fin.

La fin, c'est paradoxalement l'hypocrite et irresponsable « pérestroïka* » de Gorbatchov qui l'a placée devant nous.

Il existait un certain nombre de manières raisonnables de procéder pour sortir progressivement et prudemment de sous les décombres du bolchévisme. Gorbatchov a choisi la voie la plus insincère et la plus chaotique. Insincère, parce qu'il cherchait le moyen de conserver le communisme, sous une forme légèrement modifiée, et tous les privilèges de la nomenclature* du parti. Et chaotique, parce qu'avec l'esprit obtus des bolchéviks, il lança le mot d'ordre de l'« accélération », irréalisable et désastreux pour des équipements déjà trop sollicités, qui étaient à bout de souffle ; puis, voyant que l'« accélération » ne marchait pas, il créa de toutes pièces l'impensable « marché socialiste » qui eut pour conséquence la désagrégation du système de production et le début de sa mise au pillage. – Et cette « pérestroïka », Gorbatchov l'accompagna de la « glasnost* » dont il attendait, dans un calcul myope, une unique conséquence : l'intelligentsia se ferait son alliée contre les communistes intraitables qui ne voulaient même pas comprendre ce que leur apportait la « pérestroïka » (un nouveau système de prébendes). Il était incapable d'imaginer, même en songe, que cette « glasnost » ouvrait en même temps la porte à tous les nationalismes exacerbés. (En 1974, dans le recueil *Des voix sous les décombres*, nous disions déjà qu'il était très facile de mettre le feu à l'URSS en excitant les haines nationales. Et, la même année, je lançais à Stockholm cet avertissement : « Si on proclame de but en blanc la démocratie, on verra se déclencher chez nous entre les nations une guerre d'extermination qui la balaiera aussitôt. » Mais les dirigeants du P.C.U.S. étaient hors d'état de comprendre cela.) En 1990, j'écrivais avec assurance (dans *Comment réaménager...*) : « Du train où vont les choses, de toute façon, notre Union socialiste soviétique s'effondrera, de toute façon ! » (Gorbatchov en fut courroucé et me traita fort pertinemment, à cette occasion, de... « monarchiste ». Rien d'étonnant : un grand journal américain commenta bien ma phrase comme suit : « Soljénitsyne ne peut toujours pas renoncer au mirage de l'Empire » ; c'était l'époque où on redoutait encore plus que tout, là-bas, la décomposition de l'URSS.) Dans la même brochure, je lançais cette mise en garde : « Il ne faudrait pas qu'au lieu de sortir libérés, nous périssions écrasés sous les décombres [du communisme]. » Or c'est exactement ce qui est arrivé : en août 1991, les blocs de béton ont commencé à s'abattre sur des têtes non préparées, et en quarante-huit heures, sinon en vingt-quatre, les agiles führers de certaines républiques, qui avaient pourtant servi avec zèle et succès, durant des décennies et jusqu'à la dernière minute, le communisme et leur propre intérêt, se sont transformés en ardents nationalistes de toujours, en patriotes de leur république désormais souveraine, – et plus aucune trace de communisme sur leur peau bien lisse ! (Leurs noms brillent encore à ce jour au firmament de notre monde, on les accueille avec respect, comme des démocrates de premier plan, dans les capitales occidentales.)

Durant les mois suivants, les blocs et pans de murs se sont effondrés en grande quantité dans différents secteurs de la vie de notre pays, écrasant en masse les gens qui se trouvaient dessous. Mais procédons par ordre.

Première conséquence. L'Union Soviétique des communistes était condamnée par l'Histoire, car fondée sur des idées fausses (on s'appuyait avant tout sur la « base économique », or c'est elle qui a tout fait craquer). L'URSS a été maintenue pendant soixante-dix ans par le cerclage de fer d'une dictature comme on n'en avait jamais vu, mais quand l'intérieur tombe en ruine, le cerclage n'arrange plus rien.

A côté des vieux bonzes momifiés dans leurs idées communistes, on trouve aujourd'hui bon nombre de gens simples qui, intoxiqués par le vacarme du « patriotisme soviétique », regrettent sincèrement la désagrégation de l'URSS : car, n'est-ce pas, « l'URSS était l'héritière de la grandeur et de la gloire de la Russie », « l'histoire soviétique n'était pas une impasse, elle était un développement logique »...

En ce qui concerne « la grandeur et la gloire », nous avons vu, en survolant trois cents ans d'histoire impériale, pour quels objectifs étrangers nous avons souvent mobilisé toutes nos forces et le prix que cela nous a coûté. Quant à l'histoire soviétique, elle était bel et bien une i m p a s s e . Et même si ce n'est pas *vous et moi* qui étions au pouvoir durant ces années vingt et trente, soixante et soixante-dix, à qui revient-il de répondre, et devant le monde entier, de tous les crimes commis ? A nous, à nous seuls, et, remarquons-le, a u x s e u l s R u s s e s ! *Là*, tout le monde nous cède volontiers, en exclusivité, la première place. Il est vrai que, puisque c'est la plupart du temps en notre nom que la meute avide et sans visage a imposé partout sa volonté, nous ne pouvons pas nous défausser de ce fardeau comme les autres l'ont si vite fait.

Que non seulement l'empire soviétique nous était inutile, mais qu'il était notre perte, je suis arrivé à cette conclusion dans les premières années d'après-guerre, alors que j'étais dans les camps. Il y a déjà longtemps, un demi-siècle, que j'ai cette idée, elle ne vient pas de me saisir aujourd'hui. Dans la *Lettre aux dirigeants de l'Union Soviétique* (1973), j'écrivais ceci : « Les visées d'un grand empire et la santé morale d'un peuple sont incompatibles. Nous n'avons pas le droit de nous inventer des tâches internationales et d'en payer le prix tant que notre peuple se trouve dans un tel état de délabrement moral. » Et dans *Comment réaménager...* : « Conserver un grand empire signifie conduire notre propre peuple à la mort. A quoi sert cet alliage hétéroclite ? A faire perdre aux Russes leur identité irremplaçable ? Nous ne devons pas chercher à nous étendre large, mais à conserver notre esprit national dans le territoire qui nous restera. » Nous n'avons pas besoin de jouer les arbitres des affaires mondiales ni de prétendre à un leadership international (il se trouvera toujours des volontaires parmi les nations qui ont plus de forces que nous) : tous nos efforts doivent être dirigés *vers l'intérieur*, vers un développement *intérieur* fondé sur le travail. Tenter de restaurer l'URSS serait le plus sûr moyen d'abattre et d'étouffer sans rémission, cette fois, le peuple russe.

Il faut quand même finir par le comprendre clairement : la Transcaucasie a sa voie propre, différente de la nôtre, la Moldavie a la sienne, les pays Baltes ont la leur, et c'est encore plus vrai de l'Asie centrale. Presque tous les leaders de cette dernière région ont déjà annoncé que leurs États se tournaient vers la Turquie. (Tout le monde n'a pas remarqué, en décembre 1991, la conférence lourde de promesses qui s'est tenue à Alma-Ata pour créer le « Grand Touran », de la péninsule anatolienne à l'Altaï de Dzungarie. Au XXIᵉ siècle, le monde musulman, qui connaît une rapide croissance démographique, se lancera sans aucun doute dans des entreprises ambitieuses. Qu'aurions-nous à faire là-dedans ?)

Le malheur n'est pas dans la désagrégation de l'URSS : elle était inévitable. L'immense malheur, qui va embrouiller les choses pendant longtemps, est que cette désagrégation s'est automatiquement produite selon les frontières erronées fixées par Lénine, en arrachant à la Russie des provinces entières, des provinces russes. En l'espace de quelques jours, nous avons perdu vingt-cinq millions de personnes appartenant à notre ethnie, 18 % du nombre total des Russes, – et le gouvernement de la Russie n'a pas trouvé le courage de faire remarquer cet affreux événement, cette colossale défaite historique de la Russie, ni d'exprimer son désaccord politique, ne fût-ce que pour préserver son droit à mener tout de même, ultérieurement, quelques pourparlers. Non... Dans la fièvre de la « victoire » du mois d'août (1991), on ne pensa à rien de tout cela. (Mieux encore : on choisit pour être la fête nationale de la

Russie le jour où la R.S.F.S.R. avait proclamé son « indépendance » – et donc, par là même, sa séparation d'avec ces vingt-cinq millions de personnes...)

Il faut dire ici quelques mots de l'Ukraine actuelle. Sans parler de ses dirigeants communistes vite reconvertis, ses nationalistes, qui avaient pourtant combattu si fermement le communisme et semblaient maudire Lénine dans toutes ses œuvres, se sont laissé séduire par son cadeau empoisonné : ils ont accepté avec joie les frontières erronées tracées jadis par lui (en y ajoutant même la Crimée, cadeau de ce satrape de Khrouchtchov). Le nouvel État ukrainien a immédiatement pris (comme le Kazakhstan) le mauvais chemin de l'impérialisme.

Le fardeau d'être une grande puissance, je ne le souhaite pas à la Russie et ne le souhaiterai pas non plus à l'Ukraine. Je forme les vœux les plus sincères pour le développement de la culture et de l'identité ukrainiennes, que j'aime du fond du cœur, – mais pourquoi, au lieu de commencer par assainir et raffermir spirituellement le noyau de la nation, par effectuer un travail culturel parmi la population et sur la terre proprement ukrainiennes, pourquoi chercher à devenir une « Grande Puissance » ? J'ai proposé (en 1990) que tous les problèmes nationaux, économiques et culturels soient réglés au sein d'une Union des peuples slaves de l'Est, et considère jusqu'à présent cette solution comme la meilleure, car je ne vois pas comment justifier que l'on tranche par des frontières entre États des millions de liens familiaux et amicaux. Mais j'ajoutais dans le même article que, bien entendu, nul n'avait le droit de tenter d'empêcher par la force le peuple ukrainien de prendre son indépendance, à condition toutefois que les droits des minorités soient totalement préservés. Ceux qui dirigent actuellement l'Ukraine et son opinion publique se représentent-ils vraiment l'énorme ampleur du travail culturel qui s'étend devant eux ? Même la population appartenant à l'ethnie ukrainienne ignore souvent la langue ou ne l'utilise pas. (La langue de base est le russe pour 63 % des habitants, alors que les Russes ne représentent que 22 % de la population : c'est dire que, pour chaque Russe vivant en Ukraine, il y a deux « non-Russes » qui considèrent néanmoins le russe comme leur langue maternelle !) Il va donc falloir trouver le moyen de faire passer à la langue ukrainienne *tous* les Ukrainiens officiels. Après quoi l'objectif sera apparemment (et là, on n'évitera pas les mesures contraignantes) de faire adopter la langue par les Russes ? Ensuite, la langue ukrainienne n'a pas encore, jusqu'à présent, effectué sa percée dans les couches supérieures de la science, de la technique, de la culture : il faudra l'y faire accéder. Mais il y a plus encore : il faudra rendre l'ukrainien indispensable dans les relations internationales. Tout ce travail prendra sans doute plus d'un siècle ? (En attendant, nous lisons tantôt que les écoles russes, y compris les maternelles, sont brimées en Galicie et que certaines sont même victimes de raids, tantôt que la télévision russe n'arrive plus à certains endroits, tantôt qu'on va jusqu'à interdire aux bibliothécaires de parler russe avec les lecteurs : est-ce là la voie à suivre pour développer la culture ukrainienne ? Des slogans retentissent : « Les Russes hors d'Ukraine ! », « L'Ukraine aux Ukrainiens ! », bien que le pays compte une quantité de nationalités ; et des mesures pratiques les accompagnent : les gens qui n'ont pas pris la nationalité ukrainienne rencontrent des difficultés comme travailleurs, comme retraités, comme propriétaires de biens immeubles, et sont bien entendu tenus à l'écart des privatisations – et pourtant ils ne viennent pas de l'étranger, ils étaient installés là... Mais ce qui est encore pire, c'est qu'une animosité incompréhensible engendre une propagande anti-russe : aux officiers qui prêtent serment, on demande de spécifier s'ils sont « prêts à se battre contre la Russie » ; la Direction sociopsychologique de l'armée crée une image de la Russie qui est celle d'un ennemi et joue sur le thème de la « menace de guerre » émanant de ce pays. Et à chaque fois que quelqu'un exprime en Russie son désaccord politique avec le rattachement à l'Ukraine de territoires russes, les officiels ukrainiens font retentir des cris hystériques : « C'est la guerre ! », « C'est le coup de feu de Sarajevo ! » Désirer entrer en pourparlers, c'est donc

déjà faire la guerre ? Pourquoi annoncer la guerre
là où elle n'est pas et ne sera jamais ?)

Quant à Nazarbaïev, il a commis dans le
même esprit un faux pas encore plus critiquable
lorsqu'il a voulu transformer, avec l'aide de la
minorité kazakhe, *la majorité* des habitants de
son pays, majorité d'origine toute différente et
constituée de plusieurs nationalités. (Voici donc
les Russes écartés des postes de responsabilité,
l'autonomie des Cosaques de l'Oural et de la Sibérie étouffée, les églises orthodoxes attaquées, les
villages russes – et même les grandes villes, à présent – débaptisés, et les gens ont un délai de cinq
ans pour apprendre le kazakh, même dans les
endroits qui sont russes à 90 %. La télévision
locale émet presque exclusivement dans cette
langue, bien que les Kazakhs ne représentent que
43 % de la population. Ce qui attend les autres,
les « élections » faussées de 1994 l'ont mis en évidence. Je reçois aussi des doléances émanant
d'Allemands victimes d'exactions commises par
des Kazakhs et couvertes par les autorités locales
d'un voile impénétrable.) L'adhésion au « Grand
Touran », très facile pour l'Asie centrale, s'avé-
rera fort malaisée pour le Kazakhstan. (Les *mots*
contenus dans le programme d'Union Euroasia-
tique supra-étatique qui vient d'être publié – et
qui prévoit une monstrueuse superstructure
supranationale – sont en contradiction totale
avec la *pratique* oppressive constante du
Kazakhstan.)

Comme je l'écrivais dans *Comment réaménager...* : la meilleure solution est une Union qui fédérerait les trois républiques slaves et le Kazakhstan. Et l'accord de Belovej comportait bien, à en croire la presse, la promesse faite par Kravtchouk à ses collègues d'une véritable union indissociable, de frontières « transparentes », d'une armée et d'une monnaie uniques. Mais tout cela s'est révélé une illusion éphémère. Rien n'a été réalisé, et quelque temps plus tard, Kravtchouk a même déclaré sans ambages : « Il faut en finir avec le mythe des frontières "transparentes". » Une restriction pourtant, et de taille : si la Russie décide de vendre son pétrole aux cours mondiaux, « c'est de sa part un chantage manifeste » (paroles du Premier ministre Koutchma) ; même « se rapprocher des cours mondiaux du pétrole est une *guerre économique* » (je cite l'ambassadeur d'Ukraine à Moscou ; tiens, voici à nouveau le mot « guerre ». Comment se fait-il donc que le commerce du pétrole se pratique partout selon les cours mondiaux et que personne n'appelle cela une « guerre » ?)

En attendant, la Russie est bel et bien déchirée : vingt-cinq millions de personnes se retrouvent « à l'étranger » sans avoir bougé, sans avoir quitté les lieux habités par leurs pères et leurs grands-pères. Vingt-cinq millions de personnes, c'est la plus grosse diaspora du monde, aucun peuple n'en connaît de semblable : comment osons-nous nous détourner d'elle ?

D'autant plus que les nationalismes locaux (parfaitement compréhensibles, excusables et « progressistes » selon nos habitudes de pensée) s'engagent partout dans une politique de brimades et d'oppression à l'égard de nos compatriotes séparés. (Et s'ils veulent partir, l'Asie centrale ne leur permet pas d'emporter leurs biens personnels : c'est une notion qu'elle ne reconnaît pas.)

Refusant par principe le recours à la force et à la guerre, nous pouvons définir trois types d'action :

1) en ce qui concerne les pays asiatiques (de Transcaucasie et d'Asie centrale), où rien de bon ne semble attendre les nôtres, il faut en évacuer méthodiquement, même si cela doit prendre assez longtemps, les Russes qui le désirent et les établir décemment en Russie ; pour ceux qui resteront, chercher une protection soit dans la double citoyenneté, soit... auprès de l'ONU ? ça laisse peu d'espoir ;

2) des pays Baltes, exiger l'application rigoureuse et intégrale des normes européennes concernant les droits des minorités ;

3) avec la Biélorussie, l'Ukraine et le Kazakhstan, rechercher les degrés possibles d'union dans différents domaines et tenter d'obtenir au moins des frontières « transparentes ».

Mais nous-mêmes, en Russie, que faisons-nous ? Hospitaliers, nous avons, durant ces dernières années, trouvé chez nous de la place pour quarante mille Meskhes chassés d'Asie centrale et repoussés par la Géorgie, leur pays d'origine ; nous en avons trouvé pour les Arméniens d'Azerbaïdjan ; et dans tout le pays, bien entendu, pour les Tchétchènes, bien qu'ils eussent proclamé leur indépendance. Même pour les Tadjiks, qui ont pourtant un pays à eux, nous en avons trouvé, – mais pas pour les Russes du Tadjikistan ; or ils ont beau être plus de cent vingt mille, nous en aurions accueilli un bon nombre en Russie si nous nous y étions pris à temps, – et nous n'aurions pas eu besoin alors d'envoyer des troupes russes défendre le Tadjikistan contre l'Afghanistan, ce n'est pas notre affaire, ce n'est pas aux Russes de verser leur sang là-bas. (Que la Russie ait perdu du jour au lendemain ses *frontières* protégées constitue une question particulière et complexe. Mais la solution n'est pas à chercher du côté d'une présence militaire dans les républiques concernées, elle est dans un resserrement sur le territoire proprement russe.) Et n'aurions-nous pas dû nous arranger pour évacuer tous les Russes de Tchétchénie, ce pays où ils vivent sous les avanies, sous la menace constante du pillage, de la violence et de la mort ? Et en avons-nous beaucoup rapatriés de Touva quand on s'est mis à leur y rendre la vie intenable ?

Non, nous n'avons p a s d e p l a c e en Russie pour les Russes, nous n'avons pas de moyens à leur consacrer, – rapatriement refusé.

C'est à la fois trahir les nôtres et nous humilier nous-mêmes à la face du monde : où procèdet-on ainsi ? Voyez comme les pays occidentaux s'inquiètent et se démènent pour deux ou trois de leurs ressortissants en danger quelque part. Nous, c'est vingt-cinq millions de personnes que nous avons rejetées et oubliées.

La mesure de notre humiliation et de notre faiblesse nous est également donnée par les jugements sans appel que l'Occident porte sur nos affaires. Avec une légèreté irresponsable, les hommes d'État occidentaux ont appliqué à des frontières *intérieures, administratives,* le principe d'inviolabilité des frontières *entre États* énoncé (sous la pression de l'URSS, soucieuse de consolider ses annexions en Europe) par la conférence d'Helsinki, et ils l'ont fait avec une si imprudente précipitation qu'ils ont allumé en Yougoslavie (où les mauvaises frontières remontent à Tito) une guerre d'extermination destinée à durer de longues années, et que le feu s'est déclaré également dans l'URSS en décomposition : à Soumgaït, à Douchanbé, à Bichpek, à Och, à Fergana, dans la presqu'île de Manguychlak, au Karabakh, en Ossétie, en Géorgie (remarquons tout de même que ces massacres n'ont pas eu lieu en Russie et n'ont pas été provoqués par des Russes). En réalité, ce ne sont pas les frontières qui doivent être intangibles, mais la volonté des nations peuplant les territoires. – Le président Bush a pu se permettre cette indélicatesse : intervenir *juste avant* le référendum ukrainien pour faire savoir qu'il verrait avec sympathie l'Ukraine faire sécession dans les frontières tracées par Lénine. (Aurait-il osé dire quelque chose de ce genre au sujet de l'Irlande du Nord, par exemple ?...) – L'ambassadeur des États-Unis à Kiev, Popadiouk, s'est distingué, lui, en déclarant que Sébastopol est un territoire authentiquement ukrainien. Sur quelle érudition historique ou quelles bases juridiques était fondé ce savant jugement, il ne l'a pas expliqué. Point n'en était besoin, du reste : le Département d'État a immédiatement confirmé. Dire cela de Sébastopol, dont même ce toqué de Khrouchtchov n'a pas eu l'idée de « faire cadeau » à l'Ukraine, car la ville était détachée de la Crimée et relevait directement du pouvoir central ! (Et puis, est-ce bien le rôle du Département d'État d'émettre un jugement sur Sébastopol ?)

Et il faut qu'en même temps l'insignifiant Jirinovski, laissant loin derrière lui tout ce qui a jamais été écrit de pire, pour la flétrir, sur la politique de la Russie, nous appelle, dans ses déclarations saugrenues, criardes et folles, tantôt à transformer l'Asie centrale en un désert, tantôt à nous étendre jusqu'à l'océan Indien, tantôt à engloutir la Pologne ou les pays Baltes, tantôt à établir notre domination sur les Balkans. On ne saurait forger pire caricature du patriotisme russe ni proposer une voie plus directe pour noyer la Russie dans le sang.

Il est hors de doute que nombre d'hommes politiques occidentaux ne voient que des avantages à la faiblesse de la Russie et à la poursuite de son morcellement (il y a des années et des années que la station américaine *Radio-Liberté* pousse opiniâtrement dans ce sens ses auditeurs de chez nous). Mais je le dis avec assurance : ces gens-là distinguent mal les lointaines perspectives du XXIᵉ siècle. Ce siècle nous réserve des situations où l'ensemble de l'Europe et les États-Unis auront besoin, et grand besoin, de la Russie comme alliée.

La deuxième conséquence de l'effondrement du communisme devait être, comme on l'a déclaré dans l'ardeur des journées d'août 91, l'avènement immédiat de la démocratie. Mais quelle démocratie peut pousser tout de suite sur un terrain soumis pendant soixante-dix ans au totalitarisme ? Ce qui a poussé dans les républiques périphériques, nous ne le voyons que trop bien. En Russie ? Seul un esprit de dérision fielleuse peut donner au pouvoir qui s'exerce chez nous depuis 1991 le nom de démocratie, c'est-à-dire de pouvoir du peuple. Et s'il n'y a pas chez nous de démocratie, c'est d'abord parce que nous n'avons pas créé d'autogestion locale libre et vivante : l'administration locale est restée sous la domination des mêmes gros bonnets choisis parmi les communistes du cru, les gens n'ont rien à dire sur place et peuvent encore moins faire entendre leur voix jusqu'à Moscou. Chez nous, le peuple n'est pas le maître de son destin, il en est le jouet. Une atmosphère de désespoir règne dans les provinces : « Personne ne pense à nous »,

« Personne n'a besoin de nous », – et c'est vrai. Le peuple a vu seulement s'abattre sur ses épaules des fardeaux nouveaux, d'une forme inconnue jusque-là, tandis que la nomenclature communiste effectuait un superbe rétablissement déjà préparé sous Gorbatchov, se glissait même dans le camp des « démocrates » et échappait aux souffrances infligées à la base vitale du pays. (Quant aux « fils à papa » de la nomenclature, formés dans les instituts communistes privilégiés, ou bien ils sont allés tout droit prendre les commandes du pays, ou bien, si le cœur leur en disait, ils ont filé dans cette Amérique que leurs pères maudissaient en tapant même de la chaussure sur les tables ; du reste, d'autres aussi se ménagent en Occident des aires d'atterrissage.) Le pouvoir exécutif et celui qu'on appelle législatif se sont livré pendant dix-huit mois une bataille épuisante qui les a laissés tous deux sans forces et a déshonoré le pays. (Nous ne négligerons pas l'occasion de souligner cette situation paradoxale : le Soviet Suprême, constitué de partisans du totalitarisme, contraint par des calculs tactiques à défendre de toutes ses forces « les principes de la démocratie » ; et les démocrates soutenant mordicus, pour des raisons tout aussi tactiques, le principe d'un pouvoir autoritaire. Telle était la fermeté de leurs convictions aux uns et aux autres !) Les deux camps ont joué à qui mieux mieux, de manière irresponsable, avec le séparatisme des républiques autonomes, et

poussé les provinces qui s'indignaient à se procla-
mer elles aussi républiques : que restait-il donc à
faire aux intéressés ? Si tout ce cirque du double
pouvoir n'avait pas pris fin, la Russie serait dès à
présent en morceaux. (Depuis le Mausolée,
Lénine nous inflige ainsi pour la seconde fois la
morsure de son « Pacte fédéral ». Mais la Russie
n'a jamais été une fédération et ce n'est pas ainsi
qu'elle s'est constituée.)

Et lorsque cette crise se fut dénouée – dans le
sang, dans le lynchage d'innocents et en désho-
norant à nouveau le pays –, la démocratie ne
s'instaura pas en partant du bas, elle fut déversée
d'en haut, depuis le parlement central, et par le
pire des canaux, celui des listes constituées par
les partis : la personne destinée à prendre en
charge votre circonscription, c'est son parti qui la
choisit ; et cela, sur fond de somptueux privilèges
pour les députés au parlement et de misère générale. Nous sommes malheureusement ainsi
depuis toujours, nous autres Russes : nous n'ar-
rivons pas à apprendre à nous organiser *d'en bas*
et avons tendance à attendre les instructions d'un
monarque, ou d'un guide, ou d'une autorité spirituelle ou politique, – or, cette fois, il n'y a rien,
personne, que du menu fretin qui s'agite dans les
hautes sphères.

La troisième conséquence de la chute du
communisme devait être le retour à cette chose
follement désirée (que nous avions tout simplement perdue avec la Russie de l'Ancien Régime) :

le *marché* (en vertu des habitudes communistes, on appelait le peuple sur la voie du « radieux marché de l'avenir » !). Mais déjà Gorbatchov perdit sept ans à piétiner sur place, sept ans pendant lesquels on aurait pu engager la transition avec une progressivité raisonnable, en commençant par ranimer l'organisme économique dans ses couches les plus basses, celles de la toute petite entreprise de production et de services courants, afin que les gens se retapent d'abord physiquement et remettent leurs affaires en état ; après cela, on serait remonté de plus en plus haut. Mais non. A partir de janvier 1992, on asséna précipitamment au pays (« Nous avons pris la décision en marche », « Nous n'avons pas eu le temps de choisir une meilleure variante », se remémora ensuite le Président) un projet bureaucratique (œuvre du Fonds Monétaire International et de Gaïdar) qui, au lieu de tendre à la « sauvegarde du peuple », lui imposait une terrible secousse ; le projet sue l'ignorance même pour l'œil d'un simple dilettante, puisqu'il proclame la « liberté des prix » sans qu'existe dans le pays un milieu concurrentiel de producteurs, c'est-à-dire qu'il donne à des producteurs monopolistes la liberté de faire monter les prix aussi haut et aussi longtemps qu'ils le veulent. (L'auteur de la réforme a exprimé au début l'espoir irréfléchi que les prix allaient se stabiliser « bientôt, dans deux mois », « bientôt, dans six mois », mais il n'y avait pas de raison qu'ils s'arrêtent. Et personne n'a trouvé le courage de reconnaître publiquement son faux pas de myope.) C'est là que nous avons pleinement dégusté tout ce que le communisme nous renvoyait dans la bouche. La production, que plus rien ne stimulait, a chuté brutalement, les prix ont monté en flèche, le peuple est tombé dans une profonde misère : tel est pour les deux années écoulées le principal effet de la réforme.

Et pourtant non, l'essentiel n'est pas encore là. La conséquence la plus terrible de cette « réforme » insensée n'est même pas économique, elle est psychologique. La réforme de Gaïdar et le triomphe patent des agiles requins du commerce détaché de toute production (dans une folie d'autosatisfaction, ils n'hésitent pas à étaler leur jubilation jusque sur les écrans de télévision) ont pénétré les masses populaires d'un sentiment d'effroi, d'abandon sans recours et de désarroi qui ne peut être comparé qu'avec ce que décrit Gleb Ouspenski : quand « le rouble frappa » après l'abolition du servage, la paysannerie ne le supporta pas – et c'est à partir de ce moment-là que la Russie glissa vers la Catastrophe.

Le reflet le plus net des réformes d'aujourd'hui et le jugement le plus clair qui soit porté sur elles, nous les trouvons dans notre démographie. Je reproduis ici des données qui figurent actuellement dans les statistiques mondiales. En 1993, le nombre des morts a dépassé en Russie celui des naissances de 800 000. Pour 1 000 habitants, on a compté cette même année 14,6 morts,

soit 20 % de plus qu'en 1992 (la « réforme » !),
et 9,2 naissances, soit 15 % de moins qu'en 1992.
Au cours des deux dernières années (la
« réforme » !), le nombre des suicides est monté
en flèche – jusqu'à constituer le tiers des morts
non naturelles. Désespérés, les gens ne voient
plus de raisons de vivre ni de mettre des enfants
au monde. Si en 1875, en Russie, une femme
avait en moyenne sept enfants, si elle en avait
trois en URSS juste avant la Seconde Guerre
mondiale, et encore 2,17 il y a cinq ans, le chiffre
n'est plus aujourd'hui que très légèrement supérieur à 1,4. Nous sommes e n v o i e d e d i s -
p a r i t i o n . L'espérance de vie d'un homme
adulte est tombée à 60 ans, c'est-à-dire au niveau
du Bangladesh, de l'Indonésie et de certaines parties de l'Afrique[1]. Les démographes disent : « On a
peine à y croire, même en voyant la réalité des
chiffres » ; « c'est la première fois qu'on observe
pareil phénomène dans un pays industrialisé, en
dehors des cas de guerre ou d'épidémie » ;
« jamais il ne s'était produit dans le monde
d'après-guerre une telle réduction de la durée de
la vie. C'est véritablement stupéfiant » ; « la Russie est confrontée à une crise démographique
sans précédent[2] ».

Quand « le dollar frappe » ainsi aujourd'hui,
nous payons encore, une fois de plus (mais sera-t-

---

1. *New York Times*, 6 mars 1994.
2. *Ibid.*

elle la dernière ?), notre fureur sauvage et les ruines de l'année dix-sept. Nous sommes en train de créer une société cruelle, féroce, criminelle – bien pire que les modèles occidentaux que nous cherchons à copier. Peut-on du reste copier un mode de vie ? Il doit se fondre organiquement avec les traditions du pays ; ainsi le Japon, qui n'a rien copié, est-il entré dans la civilisation mondiale sans perdre son originalité. Gustave Le Bon donnait cette définition : l'âme d'une nation est faite d'un ensemble de traditions, d'idées, de sentiments et de préjugés ; impossible de rejeter tout cela, et il ne faut pas essayer. Depuis plus de deux ans, nous n'entendons parler que d'économie. Mais la crise traversée actuellement par notre pays est beaucoup plus profonde : c'est une crise de conscience de soi et de sens moral, si profonde qu'on ne saurait calculer combien il nous faudra de décennies – un siècle entier ? – pour nous en relever.

Resserrons-nous cependant sur notre sujet, le « problème russe » (je mets des guillemets parce que l'expression est souvent employée).

Russe *(rousski)*, ou de la Russie *(rossiïski)* ?

Dans notre État multinational, les deux mots ont leur sens propre et il faut les employer à bon escient. Alexandre III disait : « La Russie doit appartenir aux Russes. » Mais un siècle s'est écoulé depuis, notre époque a mûri, et il ne serait plus légitime aujourd'hui de s'exprimer ainsi (ou de copier le chauvinisme ukrainien en disant :

« La Russie aux Russes »). En dépit des prédictions de nombreuses grandes figures de l'humanisme et de l'internationalisme, le XXᵉ siècle a connu un brusque renforcement des sentiments nationaux partout dans le monde, et ce processus est encore en train de s'accentuer : les nations s'opposent aux tentatives de nivellement universel de leurs cultures. Et la conscience nationale doit être respectée toujours et partout, sans exceptions. (Je parlais, dans *Comment réaménager notre Russie*, d'y « établir une communauté féconde de nations amies, en assurant l'intégrité de chacune des cultures qu'elle renfermera et la conservation de chacune des langues qu'on y parlera ».) – *Rossiïski* et *rousski*, « de Russie » et « russe », chacun des deux mots possède son champ de signification. (Seul le mot *rossiïanin*, « citoyen de Russie », qu'on ne saurait peut-être éviter dans les emplois officiels, rend un son anémique. Ni un Mordve ni un Tchouvache ne se désigneront eux-mêmes ainsi ; ils diront : « Je suis mordve », « Je suis tchouvache ».)

On rappelle fort justement que sur les espaces de la plaine russe ouverte durant des siècles à tous les déplacements de populations, un grand nombre de peuples se sont mêlés à l'ethnie russe. Mais quand nous disons « nationalité », nous ne voulons pas dire *sang*, nous voulons toujours dire *esprit, conscience de soi*, orientation des préférences. Un sang mêlé n'est en rien déterminant. L'esprit et la culture russes existent depuis des siècles, et tous les gens qui sont attachés à cet héritage par l'âme, par leur conscience d'eux-mêmes, par une certaine souffrance du cœur, – c'est eux qui sont *les Russes*.

De nos jours, le patriotisme de toute ancienne république périphérique est considéré comme « progressiste », et s'il s'y développe un féroce nationalisme belliqueux, nul n'osera prononcer le mot de « chauvinisme » et encore moins – horreur ! – celui de « fascisme ». Mais le patriotisme russe garde collée sur lui une étiquette qui remonte aux démocrates-révolutionnaires du début du XXᵉ siècle : il est « réactionnaire ». Et toute manifestation de la conscience nationale russe se voit sévèrement condamnée et même assimilée hâtivement à un « fascisme » (chose qui n'a jamais existé en Russie et n'est pas possible sans un fondement racial, sans un État uniracial).

J'ai été amené à donner une définition du patriotisme dans mon article *Du repentir et de l'autolimitation* (1973). Bien que deux décennies soient passées depuis lors, je n'y apporterai pas de retouches : « Le patriotisme consiste à aimer d'un amour entier et opiniâtre sa patrie et sa nation et à servir son pays sans complaisance, sans soutenir ses prétentions injustes, mais en émettant au contraire un jugement sincère sur ses vices et ses péchés. » *Ce* patriotisme-*là*, toute nation y a droit, et les Russes autant que les autres. Mais force est de constater qu'après les saignées subies par le peuple, après les pertes causées par la « sélection à l'envers », après l'oppression et l'empoisonnement des esprits, le patriotisme russe est aujourd'hui fragmenté en unités isolées et n'existe plus comme mouvement cohérent et conscient de lui-même, et que beaucoup de ceux qui se donnent le nom de « patriotes » ont cherché un renfort du côté du communisme et s'y sont souillés des pieds à la tête. (On en trouve même pour brandir au bout de leurs faibles petits bras le fantôme ranimé du panslavisme – ce panslavisme qui a déjà été tant de fois funeste à la Russie et se trouve aujourd'hui totalement hors de sa portée.)

S. N. Boulgakov a écrit un jour ceci : « Ceux dont le cœur saignait de douleur pour leur patrie la fustigeaient en même temps sans rien dissimuler. Mais seul l'amour qui souffre donne le droit de se livrer à cette autoflagellation nationale ; s'il est absent..., l'homme qui traîne sa patrie dans la boue, qui outrage sa mère..., provoque un sentiment de répulsion[1]... »

C'est en pleine conscience de cela et fort de ce droit-là que j'écris en ce moment.

Le bref et partiel survol des quatre derniers siècles de l'histoire russe qui figure ci-dessus pourrait paraître monstrueusement pessimiste et la « période pétersbourgeoise » injustement

---

1. S. Boulgakov, « Razmychlenia o natsional'nosti (Réflexions sur la nationalité) », *Dva grada* (Deux cités), Moscou, éd. Pout' (La Voie), 1911, t. II, p. 289.

dépouillée de sa gloire, n'étaient la chute noire et la déchéance actuelles du peuple russe. (Fascinés par cet éclat de la « période pétersbourgeoise » – et parce qu'ils faisaient la comparaison avec la période bolchévique –, les habitants de la ville de la Néva lui ont restitué avec un grand enthousiasme son nom de « Saint-Pétersbourg », blanc jabot empesé si peu adapté au XXᵉ siècle et à notre pays supplicié et couvert de haillons...) C o m m e n t la Russie jadis puissante et débordante de santé a-t-elle pu tomber ainsi ? T r o i s douloureuses périodes de troubles d'une pareille ampleur – celle du XVIIᵉ siècle, celle de l'année dix-sept et celle d'aujourd'hui – ne peuvent pas être un hasard. Elles sont la conséquence de vices fonciers de notre État et de notre esprit. Si nous avons gaspillé quatre siècles durant la force de notre peuple pour d'inutiles objectifs extérieurs et si, en 1917, nous avons pu nous laisser entraîner aussi aveuglément par de grossiers appels au pillage et à la désertion, – l'heure de payer a fini quand même par arriver ? La pitoyable situation d'aujourd'hui, notre histoire l'avait accumulée peu à peu en nous ?

Nous voici donc arrivés au fond, à la Grande Catastrophe Russe des années 90 du XXᵉ siècle. Beaucoup de choses y ont ajouté leur poids au long de ce siècle : l'année dix-sept, et soixante-dix ans de pervertissement bolchévique, et les millions de personnes envoyées sur l'Archipel du Goulag, et les millions de vies sacrifiées sans souci pendant la guerre, si bien que rares sont les villages russes qui ont revu leurs hommes, – et maintenant « le dollar qui frappe », auréolé de nouveaux riches et de voleurs jubilants qui rient de toutes leurs dents.

Dans la Catastrophe entre avant tout notre décadence démographique. Or ces pertes vont augmenter : dans la misère opaque d'aujourd'hui, combien de femmes se hasarderont à mettre des enfants au monde ? Et non moins important sera le poids des enfants anormaux et malades que multiplient les conditions de vie de la population et l'ivrognerie effrénée des pères. Il y a aussi la faillite totale de l'école, incapable aujourd'hui d'élever une génération morale et instruite. Et la pénurie aiguë de surface habitable, une pénurie comme le monde civilisé n'en connaît plus depuis longtemps. Et les preneurs de pots-de-vin qui grouillent dans l'appareil de l'État – et dont certains vont jusqu'à céder à vil prix à des concessionnaires étrangers nos gisements de pétrole ou nos métaux rares. (Qu'importe en effet quand on pense que nos ancêtres avaient versé leur sang dans huit guerres épuisantes pour atteindre la mer Noire – et qu'en un jour nous avons tout perdu ?) La Catastrophe est aussi dans le partage des Russes en ce qui ressemble à deux nations distinctes : l'énorme bloc provincialo-campagnard d'une part, et, de l'autre, un petit nombre de citadins totalement différents de lui, qui pensent autrement et sont imprégnés de culture occidentale. La Catastrophe est dans l'inertie actuelle de la conscience nationale russe, dans la morne indifférence des gens à l'égard de leur appartenance nationale et leur indifférence encore plus grande à l'égard de leurs compatriotes frappés par le malheur. La Catastrophe est également dans nos intelligences mutilées par l'époque soviétique : l'illusion et le mensonge du communisme ont si bien su s'y déposer en couches que beaucoup de gens ne remarquent même pas ce voile devant leurs yeux. – Et la Catastrophe réside encore dans le fait que, pour assurer la conduite de l'État, il y a chez nous trop de peu de gens à la fois sages, courageux et désintéressés : ces trois qualités n'arrivent pas à se combiner en un nouveau Stolypine.

Le caractère populaire russe, si bien connu de nos ancêtres, si souvent représenté par nos écrivains et observé par les étrangers les plus réfléchis, ce caractère lui-même n'a cessé d'être opprimé, obscurci et mis en pièces tout au long de la période soviétique. On a vu peu à peu tarir et disparaître notre ouverture d'âme, notre sincérité sans détours, notre extrême candeur, la liberté naturelle de nos manières, notre sociabilité, notre acceptation confiante du destin, notre longue patience et longue endurance, notre refus de courir après les succès extérieurs, notre propension à l'auto-accusation et au repentir, notre modestie dans l'exploit, notre compassion et notre magnanimité. Ce caractère, les bolchéviks l'ont persécuté, torturé, réduit en cendres – en s'acharnant surtout sur la compassion, la disposition à aider les autres, le sentiment de fraternité, – et s'il lui ont infusé du dynamisme, ils l'ont fait dans ce qu'il avait de mauvais et de cruel, et sans combler pour autant la lacune qui est notre défaut national : notre manque d'aptitude à l'activité autonome et à l'auto-organisation ; c'étaient les commissaires qui dirigeaient tout.

Et le coup frappé par le rouble et le dollar dans les années quatre-vingt-dix a soumis notre caractère à une nouvelle secousse, différente cette fois : les gens qui conservaient encore les belles qualités de jadis se sont retrouvés les moins bien préparés au changement. Soudain bons à rien, pauvres ratés incapables de gagner leur vie (l'horreur d'être réduit à cela devant ses propres enfants !), ils restaient figés, haletants, les yeux écarquillés, tandis que déferlaient sur eux une nouvelle race et un nouveau slogan : « Le profit ! le profit à tout prix ! par la tromperie, par la débauche s'il le faut, par la corruption de l'inno-cence, par la vente des biens de notre mère (de notre pays) ! » Le « profit » est devenu la nouvelle (et combien méprisable) Idéologie. Cette trans-formation ravageuse, dévastatrice, qui n'a encore rien apporté de bon ni procuré aucun succès à notre économie – et on ne voit pas que rien s'an-nonce –, a fait passer sur le caractère de notre peuple un souffle épais de décomposition.

Dieu veuille seulement que la décadence actuelle ne soit pas irréversible !

(Tout a trouvé son reflet dans la langue, ce miroir du caractère d'un peuple. La perte de la *langue russe* proprement dite, qui s'était poursuivie inexorablement durant toute la période soviétique, vient de s'achever par un effondrement. Je ne parlerai pas ici des hommes d'affaires de la Bourse, ni des journalistes éculés, ni des femmes-écrivains dont l'horizon se limite à leur appartement de la capitale. Mais même les hommes de lettres issus de la paysannerie repoussent avec dégoût l'idée qu'ils pourraient employer les mots russes pleins de sève qui ont toujours existé dans notre langue. Eux-mêmes trouvent plus claires ces merveilleuses acquisitions de la langue russe qui ne rencontrent la censure de *personne* bien qu'elles se prononcent *briefing, pressing, marketing, rating, holding, voucher*, establishment, consensus* et ainsi de suite, il y en a des dizaines et des dizaines. Les gens sont devenus complètement sourds...)

En cette fin du XXᵉ siècle, le « problème russe » se pose sans ambiguïté : notre peuple va-t-il *être ou ne pas être ?* La terre tout entière est parcourue par une vague de plat et vulgaire nivellement des cultures, des traditions, des nationalités, des caractères. Nombreux sont pourtant ceux qui tiennent le choc sans vaciller et même avec fierté. Mais nous n'en faisons pas partie... Et, si cela continue, on peut craindre que, dans un

siècle, il ne faille rayer des dictionnaires le mot
« russe ».

Nous avons l'obligation de sortir de notre
état actuel d'humiliation et de désarroi : sinon
pour nous-mêmes, du moins en mémoire de nos
ancêtres et au nom de nos enfants et petits-
enfants.

Nous n'entendons parler en ce moment que
d'économie, et le fait est que la nôtre, exténuée,
nous étouffe. Mais l'économie peut aussi bien servir un matériau ethnique sans visage, alors que
nous avons, nous, à sauver aussi notre caractère,
nos traditions populaires, notre culture nationale, notre voie particulière dans l'Histoire.

Un émigré russe, le professeur N. S. Timachev, a dit un jour fort justement : « Tout état
d'une société renferme, en règle générale, plusieurs virtualités qui, au fur et à mesure que leur
réalisation devient vraisemblable, se transforment en tendances de développement de ladite
société. Lesquelles de ces tendances se réalise-
ront, lesquelles non, il est impossible de le prédire
avec une absolue certitude : cela dépend de la
rencontre des tendances les unes avec les autres.
Si bien que la volonté humaine joue un rôle bien
plus grand que ne l'admet la théorie évolution-
niste. » Autrement dit : matérialiste.

Et c'est là un point de vue chrétien.

Notre histoire nous apparaît aujourd'hui
comme perdue sans retour, mais par des efforts
appropriés de notre volonté nous pouvons peut-

être faire qu'elle commence justement maintenant – parfaitement saine cette fois, orientée vers la santé intérieure du pays et sans sortir de ses frontières, sans ces embardées dans les intérêts des autres que nous avons vues en si grand nombre dans notre survol du début. Rappelons une fois de plus le rôle qu'Ouspenski assignait à l'école : « transformer le cœur égoïste en un cœur ouvert à toute souffrance ». Nous avons à construire une école de ce type : elle accueillera les enfants d'un peuple désormais perverti, mais ils en sortiront pénétrés de sens moral.

Nous devons bâtir une Russie *morale* – ou alors ne pas en bâtir du tout, peu importe à ce moment-là. Toutes les bonnes graines qui, par miracle, n'ont pas encore été piétinées, nous devons les recueillir et les faire pousser. (L'Église orthodoxe nous y aidera-t-elle ? C'est elle qui a subi le plus de ravages durant les années de communisme. En outre, ses trois cents ans de docilité au pouvoir de l'État l'ont minée de l'intérieur, elle a perdu l'élan nécessaire à une action énergique au sein de la société. Et aujourd'hui, avec l'expansion active de confessions et sectes étrangères riches en moyens financiers, avec le « principe d'égalité des chances » entre tout cela et le dénuement de l'Église russe, l'orthodoxie est éliminée peu à peu de la vie du pays. Il faut dire du reste qu'une nouvelle explosion de matérialisme – « capitaliste », celui-ci – menace toutes les religions.)

Cependant, les nombreuses lettres que je reçois de la province russe et de ses vastes espaces me font connaître, disséminées dans cette étendue, des personnes spirituellement saines et souvent jeunes, mais isolées et privées de nourriture spirituelle. J'espère voir beaucoup d'entre elles à mon retour au pays. C'est précisément et exclusivement sur ce noyau sain de personnes vivantes qu'il faut compter. Peut-être qu'en acquérant de l'envergure, en s'influençant mutuellement, en unissant leurs efforts, elles parviendront à assainir progressivement notre nation.

Deux siècles et demi ont passé, et la **Sauvegarde du Peuple** que P. I. Chouvalov nous a laissée en héritage se dresse toujours devant nous, non réalisée.

Rien n'est plus important pour nous aujourd'hui. Et c'est précisément là que réside, en cette fin du XXe siècle, le « problème russe ».

I. – CHRONOLOGIE
(jusqu'en 1917)

IXᵉ siècle ap. J.-C. - 1240
« Rous » de Kiev, État fondé par le légendaire Varègue (Viking) Rurik entre la mer Baltique et la mer Noire. Tribus slaves (de l'Est), finno-ougriennes. Succombe aux invasions mongoles (tatares).

IXᵉ s. - 1598
Dynastie de Rurik, dont les princes règnent sur les principautés de la Rous et celles qui lui ont succédé, en particulier Moscou.

1240-1480
« Joug tatar » : les princes doivent obtenir leur investiture des khans mongols (puis de la Horde d'Or) et leur payer un tribut. Incursions tatares, chantage à l'incursion.

1581-1585
Campagnes du Cosaque Iermak en Sibérie occidentale.

1598-1613
« Temps des Troubles », « les Troubles » : crise dynastique (Boris Godounov, premier tsar à ne pas appartenir à la lignée de Rurik) ; crise nationale : campagnes contre les Suédois du prince Skopine-Chouïski (1610) ; invasion polonaise et sursaut patriotique du boucher Minine et du prince Pojarski.

1613-1917
Dynastie des Romanov (puis : Romanov-Holstein-Gottorp), élue par le *Zemski sobor* de 1613, sorte « d'États généraux » de la « terre russe ».

1613-1645
Michel Romanov.

1645-1676
Alexis Mikhaïlovitch (le « Très Clément », par opposition à Ivan IV, le tsar « Terrible »).

1649	Publication d'un nouveau code *(Oulojénié)*.
1652-1658	Patriarcat de Nikon († 1681), réforme des livres liturgiques sur le modèle des livres grecs contemporains. Schisme des « vieux-croyants » (1666).
1654	Campagne contre la Pologne ; rattachement de Smolensk, Kiev et l'Ukraine de la rive droite (du Dnepr).
1670-1671	Insurrection de Stenka Razine (bassin de la Volga).

1676-1682
Fiodor Mikhaïlovitch (pour mémoire).

1682-1725
Pierre Ier Alexeïevitch « le Grand » (règne personnel à partir de 1696), réforme générale et radicale, sur le modèle européen, de tout l'appareil de l'État.

1700-1721	Guerre du Nord (contre la Suède), accès à la mer Baltique.
1703	Fondation de Saint-Pétersbourg.
1711	Campagne du Pruth (fleuve frontière entre la Bessarabie et la Moldavie) : encerclé par les Turcs, Pierre est contraint de signer une paix humiliante.
1722-1723	Guerre avec la Perse ; annexion (temporaire) du littoral sud de la Caspienne.

1725-1762
Succession de Pierre le Grand. L'empereur, mort brusquement, n'a laissé aucune indication. Six solutions étaient théoriquement possibles, qui seront toutes essayées.

1) Sa (seconde) femme Catherine Ire (1725-1727).

2) Son petit-fils, descendant de sa première femme, Pierre II (1727-1729, mort sans postérité).

3) La postérité de son demi-frère Ivan V († 1696) :
   a/ Anna Ioannovna (= Ivanovna), sa fille cadette, veuve du duc de Courlande (1730-1740) ;
   b/ Ivan VI (1740-1741), un enfant de quelques mois, petit-fils de sa fille aînée Catherine, sous la régence de sa mère Anna Léopoldovna de Brunswick-Bevern-Lunebourg.

4) Ses filles, issues de son second mariage :
   a/ Élisabeth Pétrovna (1741-1762) ;
   b/ Pierre III (1762), petit-fils d'Anna Pétrovna, sœur d'Élisabeth, duchesse de Holstein-Gottorp, détrôné par :
   c/ Catherine II, son épouse, née Sophie d'Anhalt-Zerbst.

1730-1740
Anna Ioannovna. Emprise allemande, la « clique de Biron » ; accède au trône en promettant d'accepter une limitation de ses pouvoirs au profit des Grands : les « conditions », qu'elle déchire deux mois après.

1734 Guerre de Succession de Pologne (contre la France).
1736-1740 Guerre russo-turque.
1741-1762
    Élisabeth Pétrovna.
    1741-1742 Guerre russo-suédoise.
    1740-1748 Guerre de Succession d'Autriche.
    1756-1762 Guerre de Sept Ans, victoires et défaites alternées en Prusse.
1762 (5 janvier-10 juillet)
    Pierre III.
    1ᵉʳ mars Manifeste sur les « Libertés de la noblesse ».
    24 avril Paix avec le roi de Prusse.
1762-1796
    Catherine II « la Grande ». Conquêtes et réformes.
    1767 Réunion d'une « Commission des lois » (pour l'établissement d'un nouveau code), à laquelle Catherine adresse son « Instruction » *(Nakaz)*, inspirée de Montesquieu et Beccaria, publiée en russe, allemand, français et latin.
    1768-1774 Guerre russo-turque.
    1772, 1793, 1795 Partages de la Pologne.
    1773-1774 Insurrection de Pougatchov.
    1783 Protectorat sur la Géorgie ; annexion de la Crimée.
    1787-1792 Guerre russo-turque ; 1790 : prise d'Izmail, sur le Danube, par Souvorov.
    1788-1790 Guerre russo-suédoise.
1796-1801
    Paul Pétrovitch. Prend en tout le contrepied de sa mère.
    1796-1799 Participation de la Russie aux 1ʳᵉ et 2ᵉ coalitions contre la France ; victoires de Souvorov en Italie, échecs en Suisse.
    23/24 mars 1801 Assassinat de Paul Iᵉʳ à la suite d'un complot organisé avec l'accord de son fils Alexandre.
1801-1826
    Alexandre Iᵉʳ Pavlovitch. Règne d'abord libéral réformiste, puis plus en plus conservateur.
    1804-1813 Guerre avec la Perse.
    1805-1807 Participation de la Russie aux 3ᵉ et 4ᵉ coalitions contre la France (Austerlitz, Eylau, Friedland), paix de Tilsit.
    1806-1807 Guerre russo-turque.
    1807-1808 A Constantinople, déposition de Sélim III ; instabilité du pouvoir
    1808-1809 Guerre russo-suédoise, incorporation de la Finlande.
    1809-1812 Guerre russo-turque.
    1812 Invasion de la Russie par Napoléon, prise et incendie de Moscou, retraite catastrophique de la Grande Armée.
    1813-1814 Campagnes d'Allemagne et de France, prise de Paris.

Le « problème russe » à la fin du XXᵉ siècle

1815 Congrès de Vienne, création du Royaume de Pologne (avec, pour souverain constitutionnel, le tsar), la Sainte Alliance.

1ᵉʳ déc. 1825 Mort plus ou moins mystérieuse d'Alexandre Iᵉʳ à Taganrog ; bruits selon lesquels il se serait fait ermite ; sorte de vacance du pouvoir, le frère et héritier du tsar ayant par avance (et secrètement) abdiqué.

1825-1855
Nicolas Iᵉʳ Pavlovitch. Conservatisme (avec des velléités de réformisme) s'achevant en immobilisme.

1825 Tentative de « putsch » des décembristes à Saint-Pétersbourg, l'émeute est écrasée dans la capitale, puis en province (Ukraine).

1826-1828 Guerre avec la Perse.

1828-1829 Guerre russo-turque.

1830-1831 Insurrection en Pologne, elle est écrasée, le pays perd sa diète et sa constitution.

1833 Alliance avec la Turquie (traité d'Unkiar-Skelessi).

1834-1859 Soulèvements au Caucase, dirigés par Chamil.

1837 Paul Kisséliov ministre des Apanages.

1848-1849 Intervention russe pour aider la Turquie en Moldavie-Valachie.

1849 Intervention russe pour aider l'Autriche contre l'insurrection hongroise.

1850-1853 Querelle des « Lieux saints ».

1854-1856 Guerre de Crimée, isolement de la Russie.

Sept. 1854 Début du siège de Sébastopol.

2 mars 1855 Mort de Nicolas Iᵉʳ (suicide ?).

1855-1881
Alexandre II Nikolaïevitch, le tsar « libérateur » et « réformateur ».

sept. 1855 Évacuation de Sébastopol.

1856 Fin de la guerre de Crimée (traité de Paris).

1859 Reddition de Chamil.

3 mars 1861 Manifeste annonçant l'affranchissement des serfs.

1863 Insurrection polonaise, abolition du Royaume de Pologne (il devient « Territoire de la Vistule »).

1864 Création des zemstvos.
Réforme judiciaire.

1864-1869 Progression russe en Asie centrale, création d'un Gouvernement général du Turkestan.

1866-1881 Montée du mouvement révolutionnaire ; le populisme, les organisations « Terre et Liberté », « Liberté du peuple » (terroriste).

1868 Protectorat sur le khanat de Boukhara.

1873 Protectorat sur le khanat de Khiva.

Le « problème russe » à la fin du XXᵉ siècle

1877-1878 Guerre russo-turque, traité de San Stefano suivi du Congrès de Berlin (bien moins avantageux pour la Russie).

13 mars 1881 Assassinat d'Alexandre II.

1881-1894
Alexandre III Alexandrovitch. Consolidation, réaction, paix extérieure, nouvelle alliance.

1881 Renouvellement de l'Entente des trois empereurs (Russie, Autriche, Allemagne).

1884 Annexion de l'oasis de Merv, au sud de la mer d'Aral (aujourd'hui Mary, au Turkménistan).

1888 Premier « emprunt russe » en France.

1889 Création des « chefs ruraux » dans les zemstvos.

1891 Terrible famine dans une grande partie de la Russie des « terres noires ».

1891-1894 Conclusion progressive de l'alliance franco-russe.

1er nov. 1894 Mort d'Alexandre III.

1894-1917
Nicolas II Alexandrovitch. La fin des Romanov.

1896, 1898 Traités avec la Chine ; la Russie se fait concéder pour 25 ans la presqu'île de Liao-Toung.

1904-1905 Guerre russo-japonaise, défaite sur défaite.

1905 L'année de tous les dangers.

22 janvier Le « Dimanche rouge », l'armée tire sur la foule.

13 mars Défaite de Moukden.

28 mai Défaite navale de Tsou-Shima.

27 juin-7 juillet Mutinerie du cuirassé « Potiomkine ».

Août Traité secret de Björkö avec l'Allemagne (annulé).

5 sept. Traité de Portsmouth avec le Japon.

Octobre Grève générale ; création des premiers soviets.

30 oct. Manifeste de Nicolas II annonçant la création d'une représentation nationale.

24-29 novembre Insurrection à Sébastopol.

22-31 décembre Insurrection à Moscou.

1906-1907 Le reflux : Stolypine premier ministre ; dissolution des deux premières « doumas » ; « coup d'État légal » du 16 juin (modification de la loi électorale). Le gouvernement peut gouverner. Apparition des partis politiques.

1907 Accord russo-anglais.

1907-1914 Expansion économique ; réformes agraires de Stolypine.

1914-1918 La Grande Guerre. Défaites en Prusse orientale, victoires en Galicie. Grande retraite de 1915. Offensive Broussilov de 1916. Le tout sur fond de scandales et de nervosité politique croissante.

Le « problème russe » à la fin du XXe siècle

Mars 1917 Révolution de février (ancien style) ; 15 mars, abdication de Nicolas II. Militairement, la Russie devient rapidement hors de combat.

16/17 juill. 1918 Assassinat de Nicolas II et de sa famille à Iékatérinbourg, dans l'Oural.

Juillet 1918 Assassinat à Perm du grand-duc Michel Alexandrovitch, frère de Nicolas II.

II. – Index

PETITES CAPITALES : nom propre de personne
Caractères gras : noms propres géographiques ou topographiques
Italique : autres mots

Apanages, domaines propres de la famille impériale, administrés par un ministère autonome créé par Paul Ier.

Bachkirs, peuple turc installé à l'ouest de l'Oural méridional ; cinq grands soulèvements jusque vers 1750. Forme actuellement une République autonome dans le cadre de la Fédération de Russie.

BERDIAÏEV Nicolas (1874-1948), penseur russe émigré en France.

« *Bibliothèque russe de mémoires* », collection de mémoires fondée et dirigée par Alexandre Soljénitsyne.

Bichpek (Bichkek), capitale de la Kirghizie (Frounzé, de 1926 à 1991).

BIRON (BÜHREN) Ernst-Johann (1690-1772), noble courlandais, favori de l'impératrice Anna Ioannovna, cristallisa sur sa personne la résistance à l'« emprise allemande ».

Borodino (« bataille de la Moskova »), bataille livrée par les Français à 110 km à l'ouest de Moscou, qui réussirent au prix de pertes sanglantes à obtenir la retraite, mais non la défaite des Russes (5-7 septembre 1812).

Boukhara, khanat turc d'Asie centrale (du nom de sa capitale), fait partie aujourd'hui de l'Ouzbékie.

BOULGAKOV Serge (1871-1944), économiste, puis philosophe et théologien, prêtre orthodoxe, mort à Paris.

bourg franc, agglomération de type urbain *(sloboda)* qui se développait en général à proximité d'une ville, réunissait souvent certains corps de métier, certaines catégories de population et, au moins à l'origine, bénéficiait de quelques franchises (XVIe-XVIIe siècles).

Le « problème russe » à la fin du XXᵉ siècle

BULLITT William (1891-1967), diplomate américain qui eut, tout jeune, en 1919 des conférences avec Lénine concernant la reconnaissance de la Russie soviétique.

Cadets, parti constitutionnel-démocrate (K.D.), créé à la fin de 1905, opposants de centre-droit à la monarchie.

CHAFIROV Pierre (v. 1669-1739), diplomate russe, compagnon de Pierre le Grand.

CHAMIL (v. 1798-1871), chef du plus important mouvement de libération antirusse au nord-est du Caucase, imam du Daghestan en 1834, capitule en 1859, autorisé en 1871 à finir ses jours à La Mecque.

CHOUVALOV Pierre (v. 1710-1762), militaire et homme d'État russe, sénateur, préconise des transformations militaires et économiques.

commune paysanne, communauté *(mir)* des paysans habitant un village russe, elle possédait les terres cultivées par le village et procédait périodiquement à leur redistribution, du moins en théorie ; marotte des slavophiles et des populistes, elle a existé jusqu'à la fin des années 1920.

concile local, concile d'une Église déterminée (russe, roumaine, etc.) par opposition à un concile « œcuménique », c'est-à-dire universel.

confédérés, en Pologne membres d'une « confédération », c'est-à-dire d'un groupement qui vient de déclarer officiellement son opposition (éventuellement armée) au roi de Pologne régnant.

CONSTANTIN PAVLOVITCH (1779-1831), deuxième fils de Paul Iᵉʳ, héritier présomptif jusqu'en 1822 (où il renonce secrètement à la couronne), vice-roi de Pologne (1818-1831) ; cette renonciation ne contribua pas peu à rendre possible la tentative des décembristes.

corvée, travail dû par les serfs d'un village sur les terres de leur maître ; voir aussi « *redevance* ».

Cosaquerie, groupe ethnique d'origine russe ayant fui à l'origine l'oppression du servage et fait souche dans des contrées marginales de la Russie du Sud-Ouest et de l'Est (Don, Nord-Caucase, Oural).

Crimée, vaste presqu'île du sud de la Russie, entourée par la mer Noire et la mer d'Azov ; conquise par les Mongols (XIIIᵉ siècle), peuplée par des Tatars constitués en khanat dont les possessions s'étendaient sur les steppes de la Russie méridionale. Annexée par Catherine II en 1783. Premier enjeu de la « Guerre de Crimée » (1854-1856). Dernière terre russe tenue par les armées Blanches (évacuée à la fin de 1920). En 1944, les Tatars de Crimée sont déportés en masse par Staline ; depuis les années 1980, ils cherchent à revenir sur leurs terres ancestrales. Donnée en cadeau par Khrouchtchov à l'Ukraine en 1954, à l'occasion du troisième centenaire de la « réunion » de ce pays à la Russie. La Crimée s'est prononcée pour le maintien dans l'Ukraine indépendante, mais un mouvement séparatiste se fait jour actuellement.

DANILEVSKI Nicolas (1822-1885), penseur dont l'ouvrage *la Russie et l'Europe* (1869) exerça une certaine influence sur le panslavisme tardif.

décembristes (ou *décabristes*), conspirateurs qui tentèrent, le 26 décembre 1825, profitant d'un flottement dans la succession impériale, de soulever la garnison de Pétersbourg en faveur d'un régime constitutionnel.

DEJNIOV Simon (début du XVIIᵉ s. - 1672 ou 1673), explorateur et navigateur russe ; descendant l'Indighirka, il il suivit la côte nord de la Sibérie, contourna la presqu'île des Tchouktches (qui s'achève sur le « cap Dejniov »), découvrant ainsi le détroit qui ne portait pas encore le nom de Béring.

DERJAVINE Gabriel (1743-1816), le plus grand poète russe du XVIIIᵉ siècle, commence sa carrière comme simple soldat, participe à l'écrasement du soulèvement de Pougatchov. Son talent littéraire lui permettra d'accéder aux plus hautes fonctions : secrétaire privé de Catherine II, gouverneur, sénateur, ministre de la Justice (sous Paul Iᵉʳ) ; il a laissé d'utiles *Mémoires*.

détournement des fleuves russes, projet fantastique né sous Brejnev et qui visait à contraindre les grands fleuves sibériens (Ob-Irtych, Iénisseï) à se jeter non plus dans l'océan Glacial, mais dans la mer d'Aral ou dans une nouvelle mer intérieure. Un danger pour l'écologie de la sphère terrestre elle-même.

esclave, dénommé *kholop,* il se distinguait du serf par les conditions juridiques de son entrée dans la servitude (captivité, dette, servitude volontaire...) et par la nature du travail auquel il était astreint (il n'était pas assigné à la glèbe). L'esclave, à partir du règne de Pierre le Grand, tend à se confondre avec le serf.

Fergana, fertile vallée (culture du coton) située à l'extrême est de l'Ouzbékistan. Peuplée d'Ouzbeks, de Tadjiks et de Kirghizes, elle s'étend de Békabad (Léninabad), au Tadjikistan, à Och, également au Tadjikistan.

Focşani (pron. « fokchani »), ville de Roumanie orientale (sur le Séreth), victoire de Souvorov sur les Turcs (1ᵉʳ août 1789).

GAÏDAR Iégor (né en 1956), économiste russe, ministre de l'Économie et vice-président du Conseil des ministres (novembre 1991), puis président par intérim (décembre 1992) ; père des réformes économiques menées depuis le début de 1992, il est obligé par la suite de quitter le gouvernement.

Garde, corps de troupe privilégié, créé par Pierre le Grand dès 1687.

glasnost, ce mot mis à la mode au début de la *pérestroïka* signifie proprement « publicité » (des débats, par exemple), action de ne pas tenir secret, en général traduit par « transparence ».

GORTCHAKOV Alexandre (1798-1883), diplomate russe, ministre des Affaires étrangères d'Alexandre II (1856-1882).

haïdamaques, paysans révoltés contre leurs seigneurs en Ukraine sous domination polonaise ; principaux mouvements en 1734, 1750, 1768.

Le « problème russe » à la fin du XXᵉ siècle

HERZEN Alexandre (1812-1870), écrivain, penseur et publiciste russe, premier révolutionnaire ayant vécu la moitié de sa vie à l'étranger ; la « conscience » de la révolution.

hommes de service, s'acquittent leur vie durant (en Russie moscovite) du service militaire ; en contrepartie, ils reçoivent des terres et des paysans pour la cultiver ; à l'origine de la petite noblesse dite « de service ».

Iakoutie, grande république autonome (aujourd'hui « Sakha ») de Sibérie qui s'étend sur les bassins de la Léna, de la Iana, de l'Indighirka et de la basse Kolyma.

Iana, fleuve de Sibérie (Iakoutie), qui se jette dans l'océan Glacial à l'est de la Léna.

Iassy, capitale de la Moldavie.

Iélisavetgrad, aujourd'hui Kirovograd, ville et province d'Ukraine (« Nouvelle Serbie »), créée en 1752 pour surveiller les Cosaques Zaporogues ; annexée à la province de Nouvelle Russie en 1764.

Indighirka, fleuve de Iakoutie, à l'est de la Iana.

Ioukaguirs, peuple paléo-asiatique qui habite au nord-est de la Sibérie (N.-E. de la Iakoutie, haute vallée de la Kolyma).

Irghiz, aujourd'hui « Grand Irghiz », affluent de la rive gauche de la Volga (dans laquelle il se jette au nord de Saratov). Le long de cette rivière se trouvaient de nombreuses colonies de vieux-croyants, entre autres Nikolaïev (aujourd'hui Pougatchov) où le révolté séjourna quelque temps.

Izborsk, ville antique fortifiée à l'ouest de Pskov et au sud de Petchory, qu'elle protégeait contre les incursions des chevaliers allemands.

JIRINOVSKI Vladimir (né en 1946), leader nationaliste d'extrême droite aux déclarations fracassantes, président du parti « libéral-démocrate » ; candidat à la présidence contre Boris Ieltsyne en juin 1991, il arrive en 3ᵉ position, très loin derrière.

Kagul (ou **Cahul**), petite rivière de Bessarabie (Moldova) parallèle au Pruth. Victoire de Roumiantsev sur les Turcs (1ᵉʳ août 1770).

KHILKOV M. I., ministre des Voies de communication en 1895-1905.

Khiva, khanat d'Asie centrale, oasis dans la basse vallée de l'Amou-Daria, incorporé aujourd'hui à l'Ouzbékistan.

KHROUCHTCHOV Nikita (1894-1971), secrétaire général du parti communiste après Staline, puis président du Conseil des ministres, dénonciateur du « culte de la personnalité », démis de toutes ses fonctions en 1964 ; homme de tempérament, la scène bien connue où, à l'O.N.U., il menaça un orateur qui ne lui plaisait pas en brandissant dans sa direction un de ses souliers, est toujours citée par les Russes comme le symbole de sa personnalité de paysan mal dégrossi.

Kiakhta, ville frontière entre la Russie et la Chine (Mongolie extérieure) au sud du lac Baïkal.

Le « problème russe » à la fin du XXᵉ siècle

Kirghizes ou **Kirghizes-kaïsaks,** ce terme désignait souvent aux XVIIᵉ et XVIIIᵉ siècles le peuple des Kazakhs.

KISSÉLIOV Paul (1788-1872), proche des décembristes, ministre des Apanages en 1837-1856, puis ambassadeur à Paris.

KLIOUTCHEVSKI Basile (1841-1911), célèbre historien, professeur à l'université de Moscou.

KOLTCHAK Alexandre (1873-1920), amiral russe, chef du mouvement blanc en Sibérie, fusillé.

KOUTCHMA Léonide (né en 1938), président du Conseil des ministres d'Ukraine (depuis le 13 novembre 1992), élu président de l'Ukraine le 11 juillet 1994 ; semble rechercher un rapprochement avec Moscou.

KRAVTCHOUK Léonide (né en 1934), président de l'Ukraine (1ᵉʳ décembre 1991 - 11 juillet 1994), apparattchik (président du Soviet suprême de la République socialiste soviétique d'Ukraine) qui avait joué la carte du nationalisme.

KRYJANOVSKI Serge (1861-?), vice-ministre de l'Intérieur, sénateur, secrétaire d'État (1911), membre du Conseil d'Empire (14 janvier 1917), mort en émigration.

LE BON Gustave (1841-1931), médecin, sociologue, pionnier de la psychologie des foules.

LESKOV Nicolas (1831-1895), écrivain russe, célèbre et apprécié pour sa connaissance des milieux ecclésiastiques (*Gens d'Église,* 1872 ; *l'Ange scellé,* 1873) et sa langue riche, rare et savoureuse.

LOMONOSSOV Mikhaïlo (1711-1765), né dans la basse vallée de la Dvina septentrionale, « monte » à Moscou, savant et poète, le prototype du génie issu du peuple.

majorat, ensemble des biens immeubles d'un propriétaire noble, que celui-ci était tenu de ne pas morceler et de léguer à l'un de ses fils à son choix (oukase de 1714, aboli en 1730).

Mangychlak, petit port du Kazakhstan sur la côte est de la mer Caspienne.

MENDÉLEÏEV Dimitri (1834-1907), célèbre chimiste russe, propagandiste actif du développement économique de la Russie.

mir, commune rurale en Russie et membres de cette commune.

MOLTKE Helmuth von (1800-1891), célèbre militaire allemand, artisan des grandes victoires de la Prusse sur le Danemark, l'Autriche et la France.

Mordves, peuple finno-ougrien qui habite une république autonome au sud de Nijni-Novgorod et au sud-ouest de Kazan.

MÜNNICH Burchart (1683-1767), militaire d'origine oldenbourgeoise au service de la Russie depuis 1721, carrière à éclipses selon les règnes.

Narym, petite ville de Sibérie, située sur le cours moyen de l'Ob, au nord-ouest de Tomsk.

Le « problème russe » à la fin du XXᵉ siècle

NAZARBAÏEV Noursoultan (né en 1940), président du Soviet suprême de la république socialiste soviétique du Kazakhstan, puis de cette république (1990), puis de la République du Kazakhstan (décembre 1991).

NESSELRODE Karl (1780-1862), ministre des Affaires étrangères de Russie en 1816-1856.

NOBEL, dynastie d'industriels suédois ; le père Emmanuel fonde une usine de construction mécanique à Saint-Pétersbourg ; ses fils Alfred (instaurateur du prix qui porte son nom), Ludwig et Robert fondent en outre une raffinerie à Bakou en 1879.

Noire (bataille de la rivière), dernière et malheureuse tentative de dégagement par la terre de la garnison de Sébastopol (16 août 1855).

nomenclature, ensemble des privilégiés en régime communiste, à qui sont réservés les postes importants ou agréables.

Ossétie, pays des Ossètes – un peuple de langue indo-européenne (iranienne) – divisé en deux États de rang inégal : la « République autonome d'Ossétie » au nord du Caucase (dans la Fédération de Russie) et le « Territoire national d'Ossétie du Sud », au sud du Caucase, incorporé à la Géorgie.

Otchakov, port-forteresse sur la mer Noire, à l'ouest de l'estuaire du Boug, longtemps disputé au XVIIIᵉ siècle entre la Russie et la Turquie.

OUSPENSKI Gleb (1843-1902), romancier populiste russe qui a décrit avec une rare vigueur la campagne russe d'après la réforme de 1861 : la Puissance de la terre (1882).

PANINE Nikita (1718-1783), diplomate russe, ministre des Affaires étrangères de Catherine II (1762-1781).

Pélym, petite ville de Sibérie occidentale à l'est de l'Oural septentrional, situé à presque 60° de latitude nord.

pérestroïka, littéralement : « restructuration », ensemble de mesures politiques et économiques, vite dépassées, prise par M. Gorbatchov à partir de 1985-1986 pour moderniser l'appareil et le fonctionnement du parti communiste et de l'État soviétique.

Petchory, bourg à l'ouest de Pskov qui s'est développé à l'ombre du monastère des Grottes de Pskov, fondé au milieu du XVᵉ siècle, un des rares monastères encore ouverts sous Brejnev. De 1920 à 1940, situé sur le territoire de l'Estonie.

PLATONOV Serge (1860-1933), célèbre historien russe, académicien, spécialiste de la Russie des XVIᵉ-XVIIᵉ siècles. Arrêté en 1930, il mourra en relégation.

Pomorié, ce terme désignait (aux XVIᵉ-XVIIIᵉ siècles) principalement le « littoral » de la mer Blanche, du lac Onéga, ainsi que les bassins des grands fleuves du nord de la Russie d'Europe : Onéga, Dvina du Nord, Mézen, Petchora.

PONIATOWSKI Stanislas Auguste (1732-1798), dernier roi de Pologne (1764-1795).

POTIOMKINE Grégoire (1739-1791), feld-maréchal et homme politique russe, favori de Catherine II. – Le célèbre cuirassé qui se mutina en 1905 avait reçu son nom.

POUCHKINE Alexandre (1799-1837), poète national russe tué en duel ; une cabale prétendait que les quelques faveurs accordées à Pouchkine par Nicolas Iᵉʳ étaient dues aux complaisances de la jeune femme du poète pour l'empereur. – La phrase de Pouchkine sur « la révolte russe, absurde et sans merci » se trouve dans son célèbre roman *la Fille du capitaine* (1836), à la fin du ch. XIII.

Princes (îles des), petit archipel au nord-est de la mer de Marmara entre le Bosphore et les Dardanelles.

RAZINE Stépane (vers 1630-1671), chef d'une insurrection paysanne sous le règne d'Alexis Mikhaïlovitch (1671).

redevance, due par les paysans serfs – en argent ou en nature – en contre-partie de la terre dont le propriétaire leur laissait la jouissance ; voir aussi *corvée.*

ROUKHLOV Serge (1852-1918), ministre des Voies de communication en 1909-1915.

ROUMIANTSEV Pierre (1725-1796), feld-maréchal russe qui se distingua dans les guerres contre la Turquie.

ROZANOV Basile (1856-1919), écrivain et publiciste russe, à la pensée provocante.

RSFSR, « République socialiste fédérative soviétique de Russie », la plus importante des républiques fédérées qui constituaient l'Union soviétique ; depuis décembre 1991 – Fédération de Russie.

Sarajevo (le coup de feu de), celui par lequel l'étudiant Gavrilo Princip tua dans cette ville l'archiduc héritier d'Autriche-Hongrie François-Ferdinand. Ce fut le point de départ de la Grande Guerre.

Sainte-Croix (forteresse), construite en 1722 sur le fleuve Soudak, au sud du delta du Térek (rive occidentale-nord de la mer Caspienne) ; démantelée et abandonnée en 1735.

Sinope, port militaire sur la côte nord de la Turquie, à peu près sur le même méridien que la Crimée, où fut détruite une escadre turque le 30 novembre 1853.

SOLOVIOV Serge (1820-1879), célèbre historien russe, auteur d'une méticuleuse histoire-chronique de la Russie depuis les temps les plus reculés jusqu'en 1774.

Soumgaït, ville d'Azerbaïdjan au nord-ouest de Bakou, où eut lieu le 28 février 1988 un violent pogrome anti-arménien.

SOUVOROV Alexandre (1729-1800), le plus grand capitaine russe du XVIIIᵉ siècle, simple soldat qui finit feld-maréchal puis « généralissime » des armées russes (dignité qui ne fut par la suite conférée qu'à Staline). Il s'est illustré dans toutes les guerres civiles ou extérieures menées par la Russie.

TABLE DES MATIÈRES

Impression réalisée sur CAMERON par
BRODARD ET TAUPIN
La Flèche

pour le compte des Éditions Fayard
en août 1994

Imprimé en France
Dépôt légal : septembre 1994
N° d'édition : 3071 – N° d'impression : 1162 K-5
ISBN : 2-213-59309-4
35-57-9309-01/2

Le « problème russe » à la fin du XXᵉ siècle

staroste, littéralement : « l'ancien », paysan élu par ses pairs pour les représenter auprès de diverses instances (le maître, les autorités...).

STOLYPINE Pierre (1862-1911), ministre de l'Intérieur, puis président du Conseil des ministres. Libéral légaliste à poigne, il rétablit le calme après les événements de 1905-1906. Assassiné par un agent double.

STRUVE Pierre (1870-1944), penseur et publiciste russe, leader de l'aile droite des Cadets, émigre après la révolution.

Syr-Daria, le second grand fleuve de l'Asie centrale russe, prend sa source dans les monts Tian-Chan et se jette dans le nord de la mer d'Aral.

Tambov, chef lieu d'une province de la Russie centrale (ouest de Saratov), théâtre d'un important soulèvement paysan antisoviétique (1920-1922).

Tchécoslovaque (corps d'armée), formé en 1914-1918 à partir de prisonniers de guerre autrichiens ; fort de deux divisions en 1918, il devait être évacué par Vladivostok. Sous diverses influences, ses échelons, disposés sur tout le Transsibérien, se révoltèrent contre les Soviets à partir de mai 1918 ; ils ne quittèrent la Sibérie qu'au printemps de 1920.

TCHERNYCHOV Zacharie (1722-1784), feld-maréchal, conquérant de Berlin, ministre de la Guerre depuis 1772.

Tchesmé (ou Tchesma), rade turque (en face de l'île de Chio) où une escadre turque fut détruite par les Russes les 5-7 juin 1770.

Tchétchénie, turbulente petite république autonome de Ciscaucasie créée en 1992 au sein de la Fédération de Russie (velléités d'indépendance).

Tchouktches, petit peuple paléo-asiatique qui forme une République autonome à l'extrême nord-est de la Sibérie.

Tchouvaches, peuple qui forme une République autonome au sein de la Fédération de Russie, située au sud de la Volga entre Nijni-Novgorod et Kazan ; capitale : Tchéboksary, sur la Volga.

terres de service, attribuées dans la Russie ancienne au titre des fonctions (avant tout militaires) exercées par leurs bénéficiaires et pour le temps qu'elles duraient. Leur statut finit, sous Pierre le Grand, par ne plus se distinguer de celui des terres « patrimoniales » (héréditaires).

TIKHOMIROV Lev (Léon) (1852-1923), populiste, membre de « Terre et Liberté » puis de « Liberté du peuple ». Émigre en 1882, renonce à toute activité révolutionnaire et devient monarchiste.

TIMACHEV (TIMASHEFF) Nicolas (1886-1970), sociologue américain d'origine russe.

toast sentimental au peuple russe, prononcé par Staline le 24 mai 1945 pour remercier celui-ci de n'avoir pas cessé, même aux pires moments, de lui conserver sa confiance.

TOLSTOÏ Léon (1828-1910), illustre penseur religieux et écrivain russe, écrivit en 1886 un pamphlet contre Nicolas I : *Nicolas la Trique (Nikolaï Palkin).*

TOTLEBEN Édouard (1818-1884), militaire russe du génie, célèbre pour les fortifications qu'il construisit et défendit pendant le siège de Sébastopol.

Touran, ce nom désigne toute l'Asie centrale turque de la Sibérie à l'Iran et de la Caspienne à la Chine occidentale.

Touva, petit pays situé au nord-ouest de la Chine, dont il se détache en 1921 ; en 1944 demande « spontanément » son rattachement à l'URSS, qui lui est accordé.

Trébizonde, port de Turquie orientale sur la mer Noire.

Trinité (laure de la), célèbre monastère fondé au nord-est de Moscou par saint Serge de Radonèje dans le dernier tiers du XIVe siècle ; haut lieu de la spiritualité et du nationalisme russe.

uniates, orthodoxes « unis » à Rome (1596), dont ils reconnaissent l'autorité tout en conservant leur discipline et leurs rites.

VANDERLIP Washington B. (1866-?), ingénieur américain venu en Russie en 1920 pour négocier auprès du gouvernement soviétique l'octroi de concessions charbonnières et pétrolières au Kamtchatka.

vive (âme), une « âme » est un paysan mâle serf : « vive », lorsqu'il est effectivement en vie ; « morte », lorsqu'il est décédé entre deux « révisions » (recensements) mais encore porté comme vivant sur les listes officielles.

VLASSOV André (1900-1946), commandant d'armée en 1942, fait prisonnier ; forme à la fin de la guerre des unités qui combattront aux côtés des Allemands ; livré aux Russes par les Alliés en 1945 et pendu.

voïévode, aux XVIIe et XVIIIe siècles administrateurs civils et militaires nommés par le souverain dans les villes et districts, puis dans les provinces. Remplacés par d'autres types de fonctionnaires en 1775.

voucher (angl.), certificat dont une certaine quantité est distribuée à chaque citoyen russe à partir de 1992, part de propriété d'une entreprise d'État, susceptible d'être à son tour revendue. Une pièce essentielle des réformes économiques.

WITTE Serge (1849-1915), membre de l'administration des chemins de fer, ministre des Finances (1892-1903), président du Conseil des ministres, père putatif du Manifeste du 30 octobre 1905.

WRANGEL Pierre (1878-1928), un des chefs militaires des Blancs, recueille en Crimée les débris de l'armée des Volontaires ; vaincu en 1920, mort en émigration.

ZASSOULITCH Véra (1849-1919), révolutionnaire, tira sur le commandant de la place de Pétersbourg qui avait fait fouetter illégalement un étudiant en prison ; acquittée (1878) par la cour d'assises ; figure importante du mouvement menchévique.